北の達人コーポレーション代表取締役社長
木下勝寿

チームX《エックス》

ストーリーで学ぶ
1年で業績を13倍にした
チームのつくり方

ダイヤモンド社

X《エックス》

「変革」を意味する「トランスフォーメーション」を
一字で表す略語。
「デジタルトランスフォーメーション」→「DX《ディーエックス》」など。
「チームX」とはチームの変革《トランスフォーメーション》を表す。

プロローグ

私たちの身に起きていたこと

2020年7月3日。ホテル雅叙園東京で行われた「日本経営合理化協会」主催の私のセミナーには、参加費用が一人4万5000円にもかかわらず、会場、オンライン合わせ約400人が集結していた。主催者は、1回のセミナーで2000万円近くの売上となった。

また、同年11月18日、TKPガーデンシティ品川で開催された、私がメインゲストとなるプレミアムセミナー（売れるネット広告社主催）でも、会場参加10万円、オンライン参加5万円にもかかわらず234名が集まった。

２０２１年に出版した私のデビュー作『売上最小化、利益最大化の法則』は、「２０２１年 スタートアップ・ベンチャー業界人が選ぶビジネス書大賞」を受賞。その後の２冊『ファンダメンタルズ×テクニカル マーケティング』『時間最短化、成果最大化の法則』もヒットし、著書累計は21万部を突破した。

世間で私は「日本のトップＷＥＢマーケッター」と呼ばれるようになっていた。

だがその一方で、**私が社長を務める「北の達人コーポレーション」の業績は右肩下がりになっていた。２０１６年から4年で約5倍の成長を遂げた反動で〝組織の機能不全〟が起きていたのだ。**

北の達人コーポレーションは、私が２０００年に創業した、自社ブランドの化粧品、健康食品をｅコマースで販売する企業（俗にD2C〈Direct to Consumer〉と呼ばれる）。売上規模は１００億円程度だが高収益であるため、「東京証券取引所プライム市場」に上場している。

私自身は関西出身だが、北海道の魅力に惹かれ札幌で起業したため、社名に「北」と入っているが、現在は歌舞伎座タワー（東京・銀座）にも本社を構えている。

当社はこだわりの商品開発力とともに、「ＷＥＢマーケティング」という比較的新しい分野のスキルを武器に業績を伸ばしていた。

WEBを使ったマーケティングは全工程が数値化されているため、各工程が正確に分析でき、従来のマーケティングと比べて圧倒的に精度が高い。その効率性のよさ、一人当たりの生産性の高さから急速にビジネス界で影響力を増していった。

当社はWEBマーケティングを駆使し、22億円の売上（2016年）を4年で約5倍となる100億円（2020年）まで急成長させた。

しかし、2020年頃から当社も含めた業界全体が伸び悩むようになってきた。原因は**「行きすぎた効率化」**にある。

通信販売は店舗を持たない代わりに広告を出し、それを見た人が注文。宅配便で商品を届ける。通販の一種であるeコマースも同様だ。

売上の多寡は、商品の品質はもちろん、**広告のクオリティに大きく左右される。**どれだけ商品がよくても、ネット上のコンテンツや他の広告に埋もれてしまうと、興味を持ってもらえない。これは普通の小売と同じで、商品だけでなく、店舗の立地が重要なのだ。

eコマースのWEB広告は、広告クリエイティブごとにクリック率、コンバージョン率

（以下CVR：ページにきた人の購入率）などが正確に計測できる。そのため、採算性のいいものと悪いものが一目でわかる。

採算性のいいものをつくろうとする場合、以前つくって成功したものを踏襲してつくると、当たる確率の高いものができる。

そのため、当社も含め当時のWEBマーケティング業界の広告クリエイティブは、成功事例を踏襲するのが最も効率性の高い手法になっていた。

だが、**いつの時代も消費者は敏感**だ。

成功事例を踏襲した広告が同質化、マンネリ化。ネット上では同じような広告ばかりで、どんどん反応率が悪化していった。

業界全体が悪循環の中、トップグループを走っていた当社は、いち早く衰退の域に達してしまった。私は社内に、

「同じような広告ばかり出し続けているから疲弊してきている。新しい切り口の広告をつくっていこう」

と号令をかけた。

ところが、メンバーは互いに顔を見合わせた。

「どうやってやればいいんだ？」

当時、ゼロから広告クリエイティブをつくったメンバーは、すでに現場を離れていた。

一方、現場の最前線のメンバーは、**すでにある広告の「1」を「10」にブラッシュアップして成果を最大化することに特化したスキルを磨いていて、ゼロから当たる広告を生み出した経験がほとんどなかった。**

まさに効率化を武器とした我々のスキルが裏目に出た状態だった。

あわてて中途で経験者採用を試みたが、うまくいかなかった。

業界全体が「WEB広告をつくる＝過去や他社の成功事例を踏襲してブラッシュアップすること」という認識になっていて、商品やユーザーを見ながら、ゼロから広告をつくったことがある人はほとんどいなかった。

これは当社だけでない。**業界全体が目の前の効率性に目を奪われ、人材育成やスキルアップを後回しにしていたツケが一斉に回ってきている**ことを意味していた。

「これは困ったことになったぞ」

そうこうしているうちに、当社の広告はどんどん当たらなくなり、新規購入者の集客人数が日を追うごとに落ちていった。

最悪期には、全盛期の約6分の1にまで縮小してしまったのである。

社内には、「商品が飽きられたのではないか」という声もあった。

だが、当社の商品はトレンドに左右される商品ではなく、季節性も問わない生活必需品がメインだ。広告の質の劣化が原因であることは間違いなかった。

私自身は、日本のＷＥＢマーケッターとしてトップクラスのスキルを持っている自負があった。

だが、プレーヤーとして一流でも、**コーチとしては一流ではなかった。**

私のスキルをメンバーに伝授しようとしたが、多くの認識ギャップがあり、うまく伝えられなかった。

新しい切り口の広告をつくるため、「もっと商品のことを勉強しよう」と言ったことがある。

私の言う「商品の勉強」とは、「商品を構成する成分をすべて調べ直し、どのような工程で製造され、競合商品とどんな差別化ポイントがあるかを勉強しよう」ということだった。

しかし、当時のメンバーは「広告をつくる＝成功事例を分析して踏襲する」ことだと思っていたので、商品の勉強とは「既存の広告の商品情報を分析、確認すること」と認識していた。

だが、そればかり勉強したところで、今までにない新しい切り口が思い浮かぶはずもない。

「商品の勉強をして新しい切り口を探せ」という私の言葉は、メンバーからは無茶な要求以外のなにものでもないと受け取られていたようだ。

また、効率化によって事業が急成長し、組織が拡大していく中で人をどんどん採用し、教育体制もないまま現場に配属していった。

そのため、個々のセンスに任せた野武士集団になってしまい、**組織が機能不全**に陥っていたのだ。

業界内を見渡しても、当時はトップの成果を上げているのは、こぞって個人プレーヤーだった。

それは、歴史の浅いＷＥＢマーケティング業界では、**まだチーム全体でスキルアップし、**

組織で成果を上げるノウハウが確立されていない証拠だった。

私が現場に出て実際に手を動かせば、一定の成果は出るだろう。

ただ、一人で出せる成果には限界があるし、私のつくるクリエイティブだけではいずれ疲弊する。

やはり「チームで新しいものを生み出せる」ようにならなければならない。

「うちだけの問題ではない。なんとかしなければこの業界自体がシュリンクする」

そんな焦燥感があった。

だが、幸いメンバーたちは、ある程度の認識ギャップはあっても、一人ひとりは優秀で意欲的な人ばかりだった。

ここで私は意を決し、**チームの変革《トランスフォーメーション》、すなわち「チームX《エックス》」**に取り組んだのだ。

結論からいうと、あらゆる危機を乗り越え、このチームは窮地を脱し、圧倒的な成果を出せるまでに成長した。

この本は、**1年で13倍の成果を出せるようになったチームの実話ストーリー**である。

本書を書いたのは、我々の復活劇を単に楽しんでほしいからではない。

そこから**再現性のあるエッセンスをつかみ、あなたのチームや組織に活かしてほしい**と思っている。

そのため、本書は**3部構成**となっている。

第1部は、我々が最悪期から復活していくまでに経験したチームの荒波を生々しく伝える。

第2部は、第1部を経て学んだ様々なスキルを駆使し、「3か月で4倍」という異次元の目標に挑戦し、達成するまでを描く。

第3部は、前半で業績が6分の1にまで縮小した原因の一つ「**企業組織病**」について触れる。これは、どんな業種の企業でもかかる可能性がある病のため、自分ごととして読んでほしい。

第3部後半では、第1部と第2部を通してチームの成果が13倍に成長した要点をあなたの会社、チーム、組織で再現できるよう、**「ＫＰＩ」「教育の仕組み」「共通言語化」「タスク管理」「風土」という「5つのＸ《変革》ポイント」**として詳説する。

「5つのＸポイント」は、第1部と第2部で当てはまる小見出し部分に、それぞれのポイント名を記し、第3部の解説を読みながら第1部と第2部の当てはまる箇所を振り返って読み返せるようにした。

本書は一見、分厚く見えるかもしれない。

だが、各部は独立しているので**一気に読み通す必要はない。**

各部ごとにじっくり咀嚼してから次に進んでもいい。

では、第1部の「最悪期から復活までの道のり」から楽しんでほしい。

さぁ、ページをめくってみよう。

『チームX──ストーリーで学ぶ1年で業績を13倍にしたチームのつくり方』目次

PHASE 2
「チームX」の開始 ——試行錯誤期 ~KPI、教育の仕組み改革~

PHASE 3
「共通言語化」という壁
変革期　～共通言語化、タスク管理改革～

PHASE 4

あと一工夫が生まれる風土 ──急上昇期 ～風土改革～

第2部　ダブルギネスへの挑戦──異次元の成長期

PHASE 5 偉業への挑戦

PHASE 6 変更に次ぐ変更

PHASE 7 エックスデー

PHASE 8 メッセージ

第3部　5つの「企業組織病」と5つの「Xポイント」

第1部　最悪期から復活までの道のり

PHASE

1 自力で飛べない鳥

双方が得になるビジネスモデル

まず、当社の現状を正確に理解するため、当社独自のビジネスモデルについて触れたい。

当社は自社ブランドの化粧品、健康食品などをeコマースで販売している。

当社の商品は、基本的に1か月で消耗してしまうので、定期購入のお客様が多い。

定期購入には双方にメリットがある。お客様からすれば、毎月決まった日に商品が届くので、いちいち注文しなくていい。さらに、定期購入者は割引価格となる。また、当社も先々まで注文が入っていれば経営が安定する。

このように定期購入は、双方が得になるビジネスモデルなのだ。

ただ、お客様が毎月同じ商品を買い続けるということが大前提だ。そのためには、お客様自身が商品に深く満足していなければならない。

よって、当社は顧客満足を最大限にするべく、品質には徹底的にこだわっている。その一つとして、一商品が完成するまでに800項目の品質チェック基準を設け、すべてをクリアしたものしか発売しないルールになっている。

「びっくりするほどよい商品ができたときにしか発売しない」

「びっくりするほどよい商品で、世界のQOLを1%上げる」

というミッションを掲げている当社にとって、そこは外せないポイントだ。

「主集客」と「他集客」

さて、定期購入というビジネスモデルと「びっくりするほどよい商品」を準備した後、ビジネスの成否にかかってくるのは、いかに定期購入会員を増やしていくかだ。

当社にはWEBマーケティング部があり、社長の私が部長を兼務している。

WEBマーケティング部は「直接販売課」「間接販売課」とその他複数の課で構成され、

ネット広告を使い、新しい購入者の集客を行っている（一部、ネット以外での集客も行っている）。

「直接販売課」は、自ら広告クリエイティブやＬＰ（ランディングページ：商品販売用のページ）をつくり、ヤフーやＬＩＮＥ、グーグル、フェイスブック、ツイッター（現X、以下ツイッター）などの広告メディアに広告を出稿して新規集客を行っている。これを当社では「**主集客**」と呼んでいる。

「間接販売課」は、広告代理店やアフィリエイト（成果報酬型広告）などの外部企業に集客を委託したり、アマゾン、楽天などのＥＣモール、もしくはテレビ通販のインフォマーシャルなど、他の会社のプラットフォームを通じて間接的に新規集客を行っている。これを当社では「**他集客**」と呼んでいる。

新規購入者は単発購入もいるが、大半は定期購入だ。

自力で飛べない鳥

ＷＥＢマーケティング部の日常的な指標は、新規購入者数を「集客人数」とし、１日単位で「何人集客できたか」という観点で計測している。「他集客」は月によってブレはあるが1日300～700人程度。

一方、「主集客」は全盛期の2019年当初で1日平均1000人だったが、徐々に集客人数が落ち、2021年12月には1日平均163人と、**全盛期の約6分の1にまで減少**していた。

当社の場合、売上の7割は既存の定期購入者からなので、新規集客人数が6分の1になったからといって、すぐに売上も6分の1になるわけではない。

だが、定期購入者は一定割合で解約によって減少していくため、目減り分を新規集客で補う必要がある。なのに、「主集客」では6分の1まで落ちているのだ。

この状態が続けば、先々確実に売上が減少することは間違いなかった。

幸いこの頃は「他集客」が順調で、「主集客」の落ち込み分をカバーしていた。

「他集客」は他社の力を活用できるため、連携さえうまくいけば当社の実力以上の成果が出る。しかし、外部の力に依存していると、ある日突然、契約を打ち切られたり、一方的な契約改悪を求められたりするリスクも内包している。

よって「他集客」でカバーできているからいいというものではない。

当社にとって新規集客は生命線なので、新規集客の主導権を自社で握れていないのは経営上、**非常に危険な状態**だ。「主集客」できなければ、**自力で飛べない鳥**と同じなのだ。

すべてが悪循環に

当時の直接販売課は、新人がうまく戦力化されていなかった。

私が部長を兼務していたが、課長がいなかったので、事実上課長も兼務していた。

組織のフラット化といえば聞こえはいいが、単にプレーヤー層ばかりを集め、マネジメント層の採用・育成が追いついていなかっただけだ。

人に仕事を教えるのは、ノウハウを伝えておしまいではなく、それを伝えたうえで**相手にやらせてみて、間違っているところを修正し、再度やらせてみることを繰り返していく**のが王道だ。

しかし、社長兼部長兼課長の私に、急激に増えたメンバー一人ひとりに丁寧に接するだけの時間はなかった。よくいえば「自主性に任せる」、悪くいえば「放置」という状態になっていた。

人をきっちり育て上げないまま現場に配属したことで、現場の先輩メンバーたちがその指導にあけくれ、自らの業務ができない悪循環に陥っていたのだ。

　採用後に体系立った教育を受けていない新人には、妙な自己流が確立されてしまった。すると、私が業務の合間に研修しても、自己流が邪魔をし、学ぶべきことがすんなり入らなくなってしまった。まさに、**すべてが悪循環に陥っていた**のだ。

「退職者続出」という悪の連鎖

直接販売課の業績悪化に伴い、**退職者が続出**するようになった。

社歴が浅くスキルの高くないメンバーは、自分なりにやってもさっぱり売れない。すると、「この会社の商品は売れない」と見限り、退職していった。

私からすれば、商品に原因があるというより、広告自体に原因があるのは明らかだった。だが、目の前で商品が売れていなければ、そう思ってしまうのも仕方がない。

　この時期、中途採用でスキルの高いメンバーを数名採用したが、体系立った教育体制が整わず、次々と辞めていった。

「木下社長の理念や経営手法に惹かれて入ってきたが、現場は全然違っていた」という退職理由に「すまない。私の力不足だ」としか答えようがなかった。

また、後述するように、直接販売課の新人研修に私がじっくり取り組むようになってからも、最初は退職者が続出した。

改革のためには小手先ではなく、ＷＥＢマーケティングの基本をきっちり学ぶ必要があるため、私がトレーナーとなって新人教育に取り組んだ。

だが、当時は採用を焦るあまり、ＷＥＢマーケティングの仕事の表層的な部分だけを求人広告でアピールしてしまった。

そして入社した人は基本のキから学ぶ研修スタイルに、**「もっと軽い仕事だと思っていた」と言って辞めていった。**

こうなってくると、メンバー同士に険悪な雰囲気が生まれ、会社に対するロイヤリティが高いメンバーまで「こんな北の達人は見たくない」と言って辞めていった。

もう何もかもがうまくいっていなかった。

重要となる2つの指標

ＷＥＢ広告の世界では、オンライン上で広告を表示させるため、広告主が他の広告主と競争しながら入札を行う。

このシステムを理解するため、おもに「**入札額**」と「**CPO**」という2つの指標が重要となる。

まず、「入札額」とは、広告主が広告を表示させるために広告メディアに支払う金額だ。

競争相手となる他の広告主と比較し、入札額が低い場合、広告が表示される機会が少なくなる。

仮に広告が１０００回表示される分に対し１０００円で入札しても、競合が１２００円で入札すれば、広告メディアは競合の広告を優先して表示する。

すると、当社の広告表示回数が減り、そのメディアからの集客人数は少なくなる。

しかし、入札額を高くしすぎると、広告表示回数は増えても、広告費が高くなることが問題となる。

このとき、広告費と集客数のバランスを示す指標として「ＣＰＯ」（コスト・パー・オーダー）が重要となる。

CPOは一人の集客にかかったコストを算出するもので、10万円の広告費で10人の集客ができれば「CPOは1万円（10万円÷10）」となる。

「CPOが高い＝1回の成果を得るためにかかる広告費が高い」となるため、利益が減る可能性がある。

WEB広告においては、**入札額を適切に設定することが重要**だ。低すぎると競合に負けて広告が表示されなくなる一方で、高すぎるとCPOが上昇して赤字になる恐れがある。これが非常に難しい。

広告主には、この絶妙なバランスを意識しながら、最適入札額を見つけることが求められる。

利益を最大化するには、可能な限り「CPO」を最小化し、「集客人数」を最大化することが重要である。

そのためには「低い入札額」で表示回数が少なくても、「思わずクリックしてしまう広告」でクリック率を高めることや、クリックしてページに飛んできた人が実際の購入に至る率（コンバージョン率）を高めることが大切だ。

つまり**広告にしても販売ページにしても、「よいクリエイティブ」があれば、それが実現可能**なのである。

逆にいうと、よいクリエイティブがなければ、CPOを高くして集客人数を増やす代わりに利益率が犠牲になるか、CPOを低くして利益率を維持する代わりに集客人数が増えずに成長性が犠牲になるか、どちらかの道をたどることになる。

どんどん集客数が落ちている！

我々は「効率経営」の名のもと、「適正利益」から逆算し、**「上限CPO」**なるものを設定していた。

上限CPOは次のように決める。

当社のビジネスモデルは、大半が定期購入型なので、一顧客の売上は商品単価ではなく、長期間の累積売上（**LTV＝Life Time Value**）で計測する。

たとえば、単価３０００円の商品の場合、１年間定期購入してくれれば、３０００円×12か月＝３万６０００円。だが、実際には12か月続ける人もいれば、１か月で解約する人もいる。だから平均すると、３０００円の商品の場合、一顧客からの売上は年間約１万８０００円程度になる。

よって一顧客を集客できると年間１万８０００円の売上が上がる算段で、これを**１年ＬＴＶ**という。

ＣＰＯが１万円だった場合、商品単価が３０００円なので、初回注文時は７０００円の赤字になるが、１年間で換算すると、１万円の集客コストで１万８０００円の売上が上がり、８０００円の黒字となる（ここでは説明をわかりやすくするため、粗利率１００％として計算）。

よって我々は商品ごとに「１年ＬＴＶ」を算出し、その**７割を上限ＣＰＯ**として厳しく管理している。

この場合は、１万８０００円×70％＝１万２６００円だ。

一顧客を上限ＣＰＯの１万２６００円以内で集客できれば、１年間で１万８０００円の売上が上がり、5400円（1万8000円の3割）の利益が出る計算だ。

上限CPOを超えた広告はただちに出稿を止める。そして、利益率を維持しながら、止めた広告のクリエイティブの「何がダメだったか」「どうすればもっといい成果が出るか」を分析・修正（チューニング）し、再出稿する。それでもダメならまた止め、チューニングして再出稿するということを繰り返す。

だが、**これまでのクリエイティブが通用しなくなったことで、毎回出稿しても上限CPO以内で集客できなくなっていた。**集客人数が減っていけば、ジリ貧になるのは間違いない。

集客がうまくいかなくなったのは、必ずしも自社だけの問題でもなかった。当時、競合の参入が激化し、入札額相場がどんどん上がっていた。

入札額が高くなると、CPOを維持するにはこれまで以上のクリック率やCVRのクリエイティブをつくらなければならない。

はたして、それはどこまで可能なのだろうか。

市場環境が変わっているのに、頑《かたく》なに同じやり方をしていていいのだろうか。

売上か？　それとも利益か？

そんな焦燥感が募ってきた私は、直接販売課のメンバー約20人を集め、みんなの意見を聞くことにした。私はこう問いかけた。

「以前はCPO6000円で、月間2万人集客できていた。しかし、今はCPO6000円では、1万人しか集客できない。これを今後、CPO8000円を許容し、2万人の集客ができるようにすべきかどうか？」

競争が激化する中、今の自分たちの実力を鑑み、利益率を落としてでも売上を維持すべきかという相談をしたのだ。もちろんこんなことはやりたくない。

当社は「売上よりも利益が大事」という考えから上限CPOを設定し、厳密に管理しながら利益を確保してきた。

しかし、同業他社のほとんどは、利益より集客人数や売上を優先し、CPOの管理は優先順位が低い。我々の設定している上限CPOよりはるかに高いCPOで広告を運用していた。だからこそ利益率が低い会社ばかりで、そんな広告運用のせいで入札額相場も高騰していた。私はそんな他社を冷ややかに見ていた。

我々は利益率が高く、広告運用のうまい会社として業界内では一目置かれていたのだ。

にもかかわらず、時代の波に抗えず我々も、「CPO水準を上げ、利益を減らしてでも売上を取るべきか」という判断を迫られる状況に追い込まれた。

私は創業以来、経営判断において一か八かの決断をしたことはない。

徹底的にデータを集め、ほぼ間違いない数値シミュレーションをもとに適切に判断するスタイルを貫いてきた。

今回の会議であえてメンバーに相談したのは、「CPOを8000円に引き上げたら、本当に2万人を集客できそうか」という現場の肌感覚を知りたかったからだ。

メンバーからは、「やってみないとわからないが、CPO8000円では2万人までは戻らないのでは?」という意見が大勢だった。

なかには、「2万人まで戻すには、CPOを1万円くらいまで上げないといけない」という意見もあった。

CPOが1万円にまで上がると、赤字にはならないにしても、かなり利益率の低い会社になってしまう。

激論！「うちの会社らしさとは？」

「う〜ん、そこまでしないといけないのか」と空を仰いだ瞬間、あるメンバーが口を開いた。

「俺、利益率が高い会社だから、ここに入ったのに」

ガーンと頭をなぐられたような気持ちだった。

eコマースは広告費さえ出せば売上は上がる。利益を度外視すれば、いくらでも売上を上げられるビジネスモデルだ。だから、売上自体で企業価値は測れない。

「利益が出ない＝付加価値がない」ということだ。

付加価値がないと、顧客の払ったお金は広告メディアと商品原価に消えていくだけで手元に利益は残らない。

利益とは、会社自身が世の中に生み出した付加価値のバロメーターである。

利益額が多い、利益率が高いとは、その会社の付加価値が高いという証なのだ。

「我々は利益率が高いことを誇りにしている」

――そう言って採用をしてきた。なのに「利益率を下げるべきか」という相談をメンバーにしてしまった。黙っていたメンバーたちが少しずつ口を開き始めた。

「利益率は維持しよう」

「普通の会社にはなりたくないよな」

そして、議論の結果、

「**北の達人の存在意義は、付加価値のバロメーターである利益率が高いことだ。あくまでも高利益率を保持したまま、この難局を乗り越えよう**」

という結論になった。

腹は決まった。

本気で「チームX」に取り組もう。

具体的な改善策はまだ何もないけれど。

PHASE 2 「チームX」の開始 ——試行錯誤期 〜KPI、教育の仕組み改革〜

PHASE1では、最悪期の現状に触れた。
ここからは、どうやって「チームX」に取り組んでいったかを見ていこう。

こうして「自ら動かない風土」は生まれる 風土

広告クリエイティブの成果が悪い原因は、同じようなものを使い続けていると疲弊してくることだった。

そのため、定期的につくり変えないといけないが、前のクリエイティブを参考にしていては新しいものなど生み出せるわけがない。

だが、当時のメンバーに何度言っても、新しいコンテンツをつくろうとはしなかった。当然だ。すでにあるものを分析して要点をつかみ、効率的に拡大していくのは得意だったが、ゼロからつくり出すのは経験がなかったからだ。

これは彼らの人間性の問題ではない。「自分でネタを集めて新しいコンテンツをつくれ」と言われても、やり方がわからないのだ。やったことがないものに取り組むとき、人は億《おっ》劫《くう》になる。別のやり方での成功体験があればあるほどなおさらだ。

さらに、具体的なやり方を教えても、誰が最初にやるのか、互いに牽制し合って、誰も動き出そうとしない。

このように、当時は**「自ら動かない風土」が完全に出来上がっていた。**

だが、現在はみんな「率先して動く風土」に変わっている。

現在のメンバーの中には、当時のメンバーもたくさんいる。彼らも今は率先して動く。いかに「風土」の影響力が大きいかということだ。

社長、新人教育に乗り出す

教育の仕組み　風土

2020年10月、このような風土の中に新人を入れるとまずいと考え、新人教育を私が担当し、新しい風土づくりに着手した。

しかし、風土はリーダー一人でつくれるものではない。

リーダーについてくるフォロワーがいて初めて風土が生まれるのだ。

既存メンバーに、やらされ感、あきらめムードが漂っている中、現場でリーダーとして指揮を執る私に、一人のフォロワーが生まれた。

2020年4月に新卒入社し、まだ半年足らずのシュウヘイだった。シュウヘイはZ世代の代表だ。いわば「日本生まれのSNS育ち」で、中性的でなよっとしている部分もあるが、情報に敏感で、興味があるものには猪突猛進で動くタイプだ。

あるとき私が、

「お客さんの気持ちがわかるように、なるべく当社の顧客層である40〜50代の人と接点を持ってみたら」

と言うと、

「わかりました！」

とすぐに40～50代の女性が同居するシェアハウスに引っ越してしまった。

そして夜な夜なハウス内の女性に化粧品のことや女性特有の悩みを聞きまくった。

想像するに、シェアハウスの住民は、なんでも無邪気にグイグイ聞いてくる青年に最初は面食らったはずだ。だが、かわいらしい顔立ちとまっすぐな気性が受け入れられ、シュウヘイに多くのことを教えてくれたのだろう。

その情報をもとにシュウヘイは、今までなかった切り口の広告クリエイティブをつくり始めたのである。

「自らコンテンツを生み出す」小さな芽が息吹いた瞬間　風土

シュウヘイの変化は劇的だった。

それから数か月経った頃には、

「女性用の広告クリエイティブをつくるときにはね、部屋にアロマを焚いて、目をつぶって『私は女なんだ、女なんだ』と思ってからつくるんだよ。そうすると、女性の感性で新しい切り口のものがつくれるようになるんだ」

などと、新コンテンツの生み出し方を同僚にレクチャーしていた。

「自らコンテンツを生み出す」小さな芽が息吹いた瞬間だった。

誰もが与えられたネタ、社内にある素材からしか考えなかったが、シュウヘイだけは自らネタを収集し、新コンテンツをつくり始めたのだ。

「この小さく生まれた芽を摘んではいけない」と思い、おもいきってシュウヘイと数人の若手を既存チームから切り離し、「新規メディア攻略チーム」を結成した。

正直、テーマはなんでもよかった。

シュウヘイが既存チームに配属されると、数の論理で既存の風土に飲み込まれてしまう。そこで、既存チームと切り離し、「自ら新コンテンツを生み出す風土のチーム」をつくり、それを徐々に大きくして逆に既存チームを飲み込ませようとした。

そのため、当時3か所に分かれていた東京オフィスでも、「新規メディア攻略チーム」を既存の直接販売課のチームと切り離し、違うビルのオフィスに配置した。

新しいサービスこそ若手中心　風土

この発想は、ある会社の取り組みをヒントにした。

それは、かつて北海道の観光リゾートホテルを経営する老舗企業が行ったものだった。リーズナブルな価格で評判を勝ち取ってきた同社は、創業四十数年を経て、ついに高級ホテルへの進出を決めた。

しかし、意外なことに、新しい高級ホテルのメンバーは経験豊かなベテランではなく、あえて経験の浅い若手を配属した。

理由は「**ベテランはリーズナブルなホテルのサービスが染みついているから**」だった。

確かに、ベテランには様々な経験がある。だが、それはリーズナブルなホテルでのものであって、「高級ホテル」のものとは似て非なるものだ。

高級ホテルのサービスを提供しようと思えば、前職のサービスが顔をのぞかせてしまうと危険である。客によっては気分を害しかねない。ならば、経験のない若手にゼロから高級ホテルのサービスを教育したほうがいい。

このホテルでは若手がベテランから妙な影響を受けないようにするためにベテランを一

切配属しなかった。

「偉大なる素人」という言葉があるが、先入観がないがゆえに成し遂げられることも多い。**今までにないまったく新しいものを生み出すときやイノベーションを起こすときは、経験がなく先入観がない人から始めるほうがいい。**

先入観のある人とあえて物理的に距離を置くことで、既存のものから影響を受けない環境をつくることが大切だ。

その後、シュウヘイを中心とした数人が直接販売課の既存チームから隔離され、シュウヘイは自身が新人にもかかわらず、同僚を教える立場になった。

後から聞くと、シュウヘイは先輩から多少の反発もあったし、なにより既存チームと引き離されたことに社内の〝非主流感〟を抱いていたらしい。だが、私は**シュウヘイチームこそが次の主流チームだ**という認識でいた。社長の私がつきっきりで毎日1時間の研修ミーティングをしていたのがその証だった。

そして、そのシュウヘイチームから後述する「**着眼法研修**」が生まれ、エースとなるサカモッちゃんが誕生するのだった。

「目立つ」広告と「なじむ」広告の違い

新規メディア攻略チームの目的は、まだ手をつけていない広告メディアを攻略することだった。

当時、当社の広告は、どの広告メディアでも同じような広告クリエイティブを使い回していた。

しかし、ヤフーのトップ画面で注意を引く広告と、ツイッターやフェイスブックのようなSNSでじっくり読まれる広告ではまったく違う。

ネットメディアの広告のつくり方は2つある。

メディアの掲載面の中で「目立つようにつくる広告」と、「なじむようにつくる広告」だ。

「流し見されるメディア」では思わず目を引く必要がある。

一方、「じっくり読み込むメディア」では、コンテンツの一部として読まれるので、メディアの掲載面に「なじむように」つくる必要がある。

ヤフーなどのニュースメディアや、インスタグラムのような画像や映像中心のSNSメディアでは、隅から隅まで読むというより、流し見して目立つところに目がいくので「目立つ広告」がいい。

一方、ツイッターやフェイスブックなど文字中心のSNSメディアでは、目立つ画像広告だと広告色が強すぎてスルーされてしまう。よって、なるべく文字を多くして広告感を薄め、誰かの投稿の一部のようにしたほうがいい（ただし、やりすぎるとステマ規制に引っかかるので注意）。

だが、当時の我々は、広告メディアごとにクリエイティブをつくり分けていなかった。ヤフーで当たったものを他でも使い回し、成果が出なければすぐに次のメディアに着手していた。

市場が伸びているときは、すぐに成果が出るものを探すほうが手っ取り早い。だがこうしているうちに、いつか天井にぶち当たる。まさにその状態だった。

このピンチを打開するため、新規メディア攻略チームでメディアごとに特化したクリエイティブをつくり、なんとか成果を上げようということになった。

最初に着手したこと

最初に手をつけたのはツイッターだった。

何事も成果を上げるには、「応用」ではなく「基本」を固めることが最も手っ取り早い。

長年の経験からそれだけはわかっていた。

よって、まず意識したのは「**みんなで消費者目線を取り戻す**」ということ。

ツイッターで流れる広告やツイートは思わず目を引くもの、まったく目を引かないもの、一瞬目を引いたけれど全部読まずにスルーするものなど様々だ。

面白い広告をつくりたいと思ったら、まず、ツイッターをずっとながめてみる。その中で面白い広告やツイートを見つけ、そのエッセンスをつかんでいくのがベストだ。

しかし、**多くの人はそれができない。**

会社に入って「内側の人」になってしまうと、一ユーザーとして持っていた「消費者目線」をなくしてしまう。

多くの人は、「広告を出すからには当てなければ」「確実に当てようと思ったら、他のメディアで当たったものを踏襲するのが無難」と他で当たったものをツイッターの規定（字数制限、画像サイズ等）にアレンジして投稿する。それにより、その内容が消費者目線でツイッターに合っているかという検証が抜けてしまうのだ。

ツイッターでは、1行目の書き出しだけで成果が2倍以上変わるので、ツイッターならではの技術があるが、当時はまったく考慮されていなかった。

ヤフーに掲載するような広告感の強いものばかりでは、そこそこの成果しか上がらなかったのは当然だった。

消費者目線を取り戻す「3段階分析」 教育の仕組み

消費者目線を取り戻し、ツイッターならではの広告クリエイティブをつくるために最初にやったのは、参考になるツイートのピックアップだった。

当時、他社も同じように、ツイッターならではの広告をつくれなかったので、参考にすべき広告がなかった。よって、ツイッターの中のリンクがはられているツイート（広告ではない）で、「自分が思わずクリックしてしまった」ツイートをピックアップすることにした。

そこで、自分がなぜそのツイートをクリックしたのか、**3段階で自分のインサイト**（**心の**

動き）を分析した。

1　なぜ、自分は数多くのツイートの中で、そのツイートに目を留めたのか？
2　なぜ、自分は目を留めただけではなく、文章を読んだのか？
3　なぜ、自分は文章を読んだうえで、クリックしようとしたのか？

自分がクリックした理由を客観的に言語化し、それに基づいて再現できるようにすることで、他の人もクリックされる広告をつくるセンスが身につく。

これを繰り返すと、**「人はどんなときに目を留めるか」「人はどんなときに広告文を読むか」「人はどんなときにクリックするか」という形式知がつくられていく。**

人の行動には、「自分特有の理由」と「どんな人でも共通する心理」があり、再現性を求める場合、重要なのは後者。前者は不要だ。よって、「自分がこのブランドが好きだからクリックした」という「自分好みに起因するものは選ばない」というルールを設けた。

これを新人にひたすらやってもらった。毎日、メンバーのインサイト分析を聞きながら、私から1～2時間、フィードバックした。

まずは、「他の当たっている広告をやみくもに踏襲する」ことから卒業し、「当たっている理由を自分ごととして考える」ことを徹底したのだ。

社長業の傍ら、右も左もわからない新人に手取り足取り教える時間を捻出するのは、正直大変だった。

しかし、このチームこそが主流なのだ、いや主流にしなくてはならないという決意があった。

「インサイト分析の研修」で見えてきた意外なこと

インサイト分析の研修を続けていると、面白いことがわかってきた。

AさんもBさんも、あるツイートを「これはいい」と言ってクリックした。

しかし「3段階分析」をすると、各々まったく違う答えが返ってきた。

Aさんはこのツイートの写真のインパクトに興味を持って目を留めた。

Bさんは写真には目がいかず、文章の最初が【 】（すみつきカッコ）で始まっているから目を留めた。

また、Aさんは文章を読んだうえで紹介されている内容に興味を持ち、「もっと知りたい」とクリックした。

一方、Bさんは文章を読んだだけでは意味がわからず、「意味がわからないから意味を知るため」にクリックした。

これはどちらが正解かわからないし、どちらも正解かもしれない。

少なくとも、AさんとBさんが同じ場所にいると、「人によってインサイトが違う」ことがわかる。

私自身もびっくりしたが、同じ広告に対する反応に男女でまったく違う傾向が見られた。

そもそも男女では色の識別能力が違うといわれている。一説によると、男性は色を7色に見分けるが、女性は29色に見分けるという。

女性は微妙な色の違いに反応してクリックするが、男性の私はその違いがわからず、「この広告がクリックされたのはキャッチコピーがよかったからだろう」という違った認識を多々していたことに気づいた。

当社のメンバーは半数以上が女性なので、私自身、この研修を通じて多くの学びがあった。

「着眼法研修」の誕生

教育の仕組み

この気づきによって、仕組みを変えた。

それまでは私から一人ひとりにフィードバックしていたが、ある程度のセンスレベルが合えば、先の3段階分析のフォーマットをもとに、新人4～5人で互いにフィードバックする仕組みに変えた。

これにより、多面的なフィードバックが得られ、個々の視野が広がった。また、社長兼部長兼課長である私の負担も減った。

この仕組みを数か月続けていたとき、シュウヘイのフィードバックがほぼ私と同じ内容になってきた。

そこで新人へのフィードバックは私の代わりにシュウヘイがやり、ある程度のレベルになったら、新人同士で相互フィードバックすることにした。

そこでつかんだ3段階分析をもとに、自社商品の広告クリエイティブをつくるプロセスを続けた。

これが当社の「着眼法研修」の始まりだ。

図表１　「着眼法研修」のサンプル

着眼法元

megumi | 50代の美容ライフ @me_kaitekikobo
炎上覚悟で言います。
他人の容姿、顔、目が小さいとかぶっちゃけどうでもいい。でもこの投稿から笑顔になる人が増えるなら私は嬉しいです！リッドキララは、私の目のコンプレックスを卒業させてくれ、笑顔も増えました。同じ悩みの人はまず使ってみてほしい。一緒に笑顔溢れる生活を過ごしましょう！
LID KIRARA
website.com
【目のコンプレックス卒業】まぶた専用ジェルが凄い！

着眼法フェーズ（クリック要素orバズ要素分析）	①目を留めた理由	・最初に「炎上覚悟で言います」と記載されていて、何を言うのか気になった。「炎上」というワードは人の目を引きつけるキラーワードだと思う
	②読もうと思った理由	・「炎上覚悟で言います」の下が１行空いていることで、次の行への期待感が高まった ・「他人の容姿、顔、目が小さいとかぶっちゃけどうでもいい」という感情的な話があるので、次にどういう話がくるんだろうとワクワクしてしまった
	③クリックしたいと思った理由	以下、目に入った順 ・【文章】「同じ悩みの人はまず使ってみてほしい」という「トライ感」のある言葉で、「見てみよう」という気になった ・【写真キャプション】「まぶた専用ジェル」って何だろう？　と思ったので詳しく知りたくなった ・【写真】素人の日常写真のようなので、リンク先で実際に使った人の生の声が読めるだろうと期待した

　これは、「他社（者）のうまくいった部分に着眼し、エッセンスを取り入れる」という「ヒット率100%」指導の第一人者・伊《い》吹《ぶき》卓《たく》氏が提唱したアイデア創出法「着眼法」を体現した研修だ（詳しくは拙著『時間最短化、成果最大化の法則』参照）。

　現在では、「着眼法研修」はツイッターに限らず、様々な広告メディアで当社のクリエイティブ部門の新人研修として稼働している。

　この研修こそ、クリエイティブ力が上がるようになった小さな息吹だった［**図表1**］。

組織の肥大化にマネジメントがついていかない

2021年6月、全盛期は毎日1000人の集客ができていたが、この頃の1日平均集客人数は3分の1以下（303人）にまで落ちていた。

この時期、新しく打った手として「**KPI**（Key Performance Indicator：重要業績評価指標）**マネジメント**」がある。簡単にいえば、日常業務を数値化して評価する仕組みだ。

当時のマネジメントは、組織の肥大化に追いつけていなかった。

全メンバーが10人以下の頃は手分けして仕事をやっていたので、誰が何をやるか、すぐにわかった。だが、100〜200人規模になると、一人ひとりは全体の一部の仕事しか担わない。なのに、**10人の頃と同じマネジメント体制のまま組織だけが拡大していた。**

メンバーのうち、全体が見えているのはごく一部だけ。業績が落ちたとき、一人ひとりが何をすべきかわからなくなっていた。

新人に起きていた「目的のすり替え」

これは、私が直接行う前の広告クリエイティブの新人研修でのエピソードだ。

広告クリエイティブの目的は、広告を出稿して新規顧客を集客すること。

クリエイティブのつくり方を新人に教え、実際につくり、出稿してみた。なかには、成果が出るものもあれば、まったく成果が出ないものもある。結果を踏まえ、修正して出し直し、ＰＤＣＡを回していく。

このとき注意すべきことがある。「とりあえず広告を出してみる」姿勢だと、新人の広告は質が低いため、成果が上がらないどころかユーザーに悪印象を与え、ブランド棄損につながるケースがある。

よって、新人はいきなり広告を出すのではなく、まず先輩にチェックしてもらい修正。ある一定レベルになったものだけを出稿するようにした。

一部の特別センスがいい人を除けば、新人がいきなり広告をつくってすぐに先輩のＯＫが出ることは少ない。よって、何度もつくり替えることになるが、**徐々に目的が「集客できる広告」から、「先輩がOKと言う広告」にすり替わっていった。**

メンバー一人ひとりにもKPIが必要だ KPI

新人が出稿した広告では、次のようなことが頻発した。

「あれ？ この広告では『楽天ランキング1位の商品はこれだ！』と書いてあるけど、リンク先のページにはそんなことは全然書いてないじゃない」

「すみません、リンク先のことまで考えていませんでした」

また、

「先日、面白い広告出したね。結果はどうだった？」

「あ、結果は知らないです」

このように、新人の大半が、何のために広告をつくるのかという本来の目的からズレてしまっていた。

全体が見えていない人を正しい方向に導くには、「これさえやっていればいい」という仕事のガイドラインに加え、うまくいっているかどうかが明確にわかる「**数値指標＝KPI**」が必要だ。

KPIがない状況では、上司や指導役の先輩から「OK」と言われる広告をつくることが目的になってしまう。

経営面では、「無収入寿命」「５段階利益管理」「上限ＣＰＯの設定」（詳しくは拙著『売上最小化、利益最大化の法則』参照）など独自のＫＰＩを細かく設定していたが、それまで個人の働きにはＫＰＩを導入していなかった。

メンバー一人ひとりが自ら判断できるよう、ＫＰＩを設定する必要性を感じた。

平均ＩＱ「130」を超える頭脳集団の実情

当社の直接販売課は、「クリエイティブディレクションチーム」と「運用チーム」に分かれている。

「クリエイティブディレクションチーム」が画像やコピーを駆使して広告クリエイティブやＷＥＢページをつくる（画像加工などは「制作チーム」に依頼）。

こうしてつくられた広告クリエイティブを「運用チーム」がヤフーやグーグルなどのＷＥＢメディアの「広告管理画面」から入稿する。

入稿の際、「どんなターゲット」「１クリック当たりの広告予算」「１日の広告予算上限」

などの広告表示に関する様々な条件を設定する。

その条件で入稿された広告が表示されていくと、「クリック率」「1クリック当たりのコスト」「CVR」などを見ながら、CPOが上限以内に収まっているかを常にチェックする。

CPOが上限値を上回っているときは赤字になるので、その広告をストップしたり、条件設定を変えたりするのだ。

この条件設定を変えるのはまさに職人技。誰がどうやるかで結果が大きく変わってくる。できる担当者だと、同じ広告クリエイティブで何千人の集客に成功するということも日常茶飯事だ。


当社の運用チームメンバーの平均IQは「130」を超えている。


一人ひとりはとても優秀で、頭脳明晰な人たちの集まりだ。

現在、12人ほどの運用メンバーが、複雑に入り組んだWEBメディアの広告表示アルゴリズムを逆引きで解析しながら、最も有利な条件で最大限集客できるよう条件を変えながら広告運用を行っている。

しかし、当時はKPI自体が設定されていなかったので、「本当にこれは最大限の成果が出ているといえるのか?」「本当はやり方を変えればもっと成果が出るのではないか」と思いながらも、客観的指標が社内になかった。

MVP制度の弊害

現在、当社では「MVP制度」があり、月末に全社員が1か月間の仕事内容をMVPシートというレポートにまとめ、提出する。

レポート内容と実際の仕事ぶりをもとに管理職会議で相談し、MVP、準MVP、努力賞、成長賞などを授与する。

受賞メンバーには、賞状とトロフィ、いくばくかの社内ポイント（ポイントを貯め市販の商品が買える）が授与される。月末近くになると、各メンバーは受賞を目指し、この1か月の仕事ぶりをアピールするレポートをつくり始める。

運用チームの各メンバーからは「こんな配信設定の工夫をしたら集客人数が倍増した」「こんな手を打ったらCPOが半減した」など次々とレポートが上がってくる。

それを読みながら、「みんな頑張っているな」と思いつつ、管理職会議でMVPを推薦する。

しかし、あるとき、ふと気づいた。

運用チームメンバーからは**「施策がうまくいった」という景気のいい報告をたくさん受けているのに、実際に全体の集客人数は相変わらず日を追うごとに落ちているではないか。**

誰かが伸び、誰かが極端に落ちて全体が下振れしているというより、ほぼ全員の数値が落ちていた。

「おかしい」と思い、いろいろ調べたところ、徐々に現実がわかってきた。

Aという広告メディアで商品1の運用に力を入れ、成果が伸びた反面、そこに手を取られ、Bという広告メディアの商品2の成果が落ちていることが多発していたのだ。

私は全体数字は見ていたが、個別数字は見ていなかった。

MVP制度により、アピール上手な人だけが評価され、真面目にコツコツやっていてもアピール下手な人は評価されていなかったのだ。

運用チームの目標設定法 KPI

そこで、個人ごとに担当している広告メディアと商品の組合せで集客人数目標を設定し、日々の数値管理をすることにした。

本当は目標数値を全盛期に戻すため、「1日1000人」に設定したかった。だが、全盛期に比べ3分の1以下に落ちている状況ではあまりにも高すぎ、現実味がない。ということで、背伸びすれば届く数値として**「直近6か月間の月間平均集客人数×1・2倍」**とした。

たとえば、佐藤さんは広告メディアAを担当している。

広告メディアAでは商品1と2の広告が出されているので、広告メディアAでの1と2それぞれの直近6か月間の月間平均集客人数を計算し、その数字の1・2倍が佐藤さんの目標となる。

必ずしも商品1で何人、商品2で何人とする必要はなく、合計数値が目標数値を超えていればOKとした。

運用成果は広告クリエイティブの出来・不出来に依存する部分でもあるので、商品ごとに目標設定しても、片方はどうしても難しい場合もある。そんなときは、より成果を出しやすいほうに注力したほうがいい。

このように、個人の目標数値に対し、**「達成率」**を見ることで成果が「見える化」され、正当な評価ができるようになった。

だが、しばらくすると、運用メンバーから文句が出てきた。

不公平感にどう対処するか KPI

佐藤さんの目標は2000人、武田さんの目標が500人だとする。

佐藤さんが1500人集客した場合、達成率は75%。武田さんが700人集客した場合、達成率は140%となる。この場合、集客人数が多い佐藤さんより、武田さんのほうが評価が高くなる。

確かに、過去実績からの目標設定なので、佐藤さんが担当している広告メディア×商品のほうがポテンシャルが高く、1500人の集客の難易度は低い。

一方で、武田さんは500人しかポテンシャルがないところから最終的に700人にしたので、彼の難易度のほうが高かったといえる。

ただ、これだと「実績が少ない広告メディアや商品を担当したほうが評価が上がりやすい」ことになる。

やはり会社に対して貢献度が大きいのは、より大人数である１５００人を集客した佐藤さんだ。ここで私は、難易度と貢献度のバランスを適正に評価するためにはどうすればいいかをじっくり考え、**評価指標を「達成率×集客人数」**とした。

図表2のように、この場合、佐藤さんは75％×１５００人＝１１２５ポイント。武田さんは１４０％×７００人＝９８０ポイントだ。

佐藤さんは集客人数が2倍強だが、武田さんは達成率が2倍弱だ。

目標達成の難易度と貢献度のバランスを考えると、これくらいの評価ポイント差が妥当だろう。

ということで、このＫＰＩ評価制度で動き始めた。それぞれの数値を毎朝確認する。しばらくはこれで動いていた。

しかし、すぐに新たな問題点が浮かび上がってきたのだった。

赤字続出！　何かが間違っている　ＫＰＩ

満を持して始めたこのＫＰＩ制度だが、始まってすぐに**集客人数は増えたが、CPOが**

図表2　評価は「達成率×集客人数」で決まる

	目標	集客人数	達成率	評価ポイント
佐藤さん	2000	1500	75%	1125
武田さん	500	700	140%	980

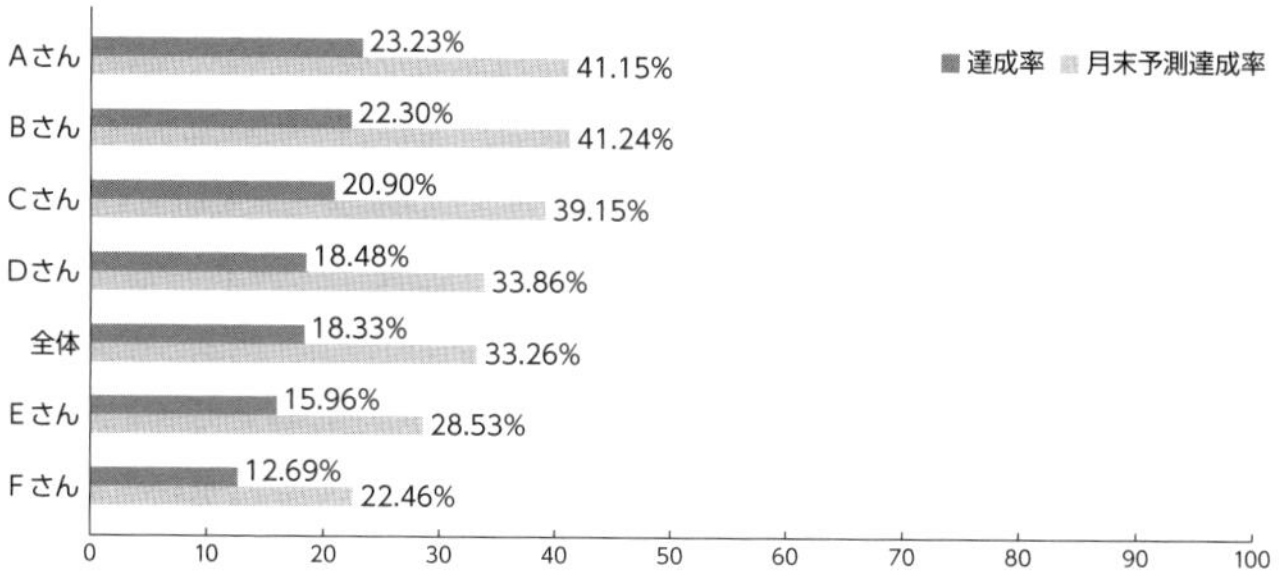

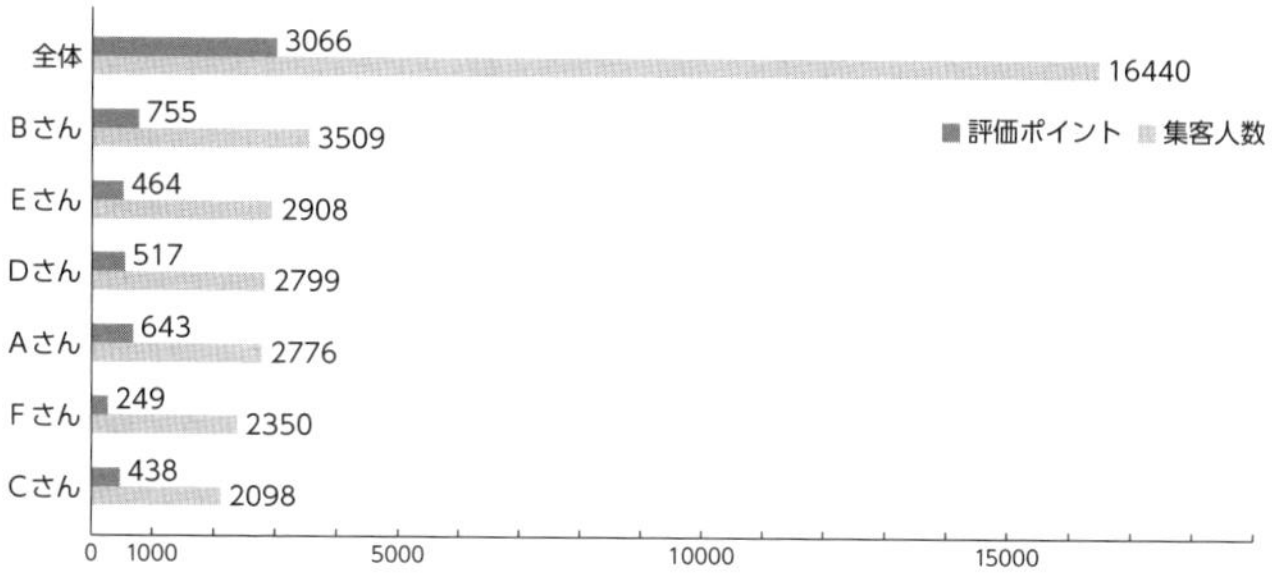

高騰していった。

集客人数は広告費を無尽蔵に注ぎ込めばいくらでも伸ばせる。よって各商品、各広告メディアごとに一人当たりの利益を確保できる上限CPO以内で獲得できた人数だけをカウント対象としていた。

しかし、特に上限CPOを超えたからといって罰則を決めていたわけではない。

上限CPOが1万円の案件があった場合、ある日、広告費が10万円消費され、集客人数が9人だった場合、CPOは1万1111円（10万円÷9人）となり、上限CPOを超える。以前なら、いったんここで広告を止めていた。だが、このままだと、この9人は上限CPOを超えているのでカウントされない。

もし、追加1万円の広告費で2人集客できれば、広告費11万円で11人のプラス集客実績となる。すると、このような局面で広告を止めずに放置するようになった。上限CPOを超えても罰則はない。だからどんどん広告費が注ぎ込まれていった。結果、こぞってCPOが悪化していったのである。

メンバーからも、「集客人数が増えました！」と意気揚々と報告が上がる一方、平均CPOが上限CPOを超え、赤字案件が続出した。

そこで、「最近上限CPOが上がっているから抑えて！」と言うと、今度は「CPOを下げました！」と意気揚々と報告があるが、集客人数が激減した。

当時は、「集客人数目標の最大化」と「CPOの最小化」という2つのKPI指標になっていた。

マネジメントにおいては、相反する2つの目標を同時に追わせるのは悪手である。

KPIを複数にしてしまうと、片方達成しただけで達成感を得てしまう。

広告費を注ぎ込めば売上は上がる。だが、過剰に注ぎ込めば利益は減る。

KPIを「売上」「利益」の2つに設定していると、とことん広告費を注ぎ込んで売上を上げ、「利益目標は未達でしたが、売上目標は達成しました」となっても達成感を得てしまう。

本来は、「利益＝一人当たり利益（LTV－CPO）×集客人数」なのに、このままのKPIだと「集客人数は最大にしました（CPOは高まったけれど）」と「CPOは低くしました（集客人数は少ないけれど）」となってしまうのだ。

よって、「集客目標は達成したが、CPOは超えている」「CPOは抑えたが、集客人数は減っている」とはならずに、**「CPOを抑えながら、集客人数を増やすことに集中する」となるような、新たなKPIの開発**が必要だった。

劇的スキルアップにつながる「新KPI」とは？　KPI

「CPOを下げながら、集客人数を最大化させるKPI設定はないか」と、運用メンバーを交えて考案したのが次の計算式だ。

「集客人数成果＝上限CPO以内人数−上限CPO以上人数」

これだと、いくら上限CPO以内人数で集客できても、上限CPOを超えた人数が多いとマイナスされてしまう。

よって、**上限CPO以内の集客人数を最大化しながら、上限CPOを超える人数を最小化しようとする動き**になる。

たとえば、前の例では、上限CPOが1万円、広告費が10万円、集客人数が9人の場合、CPOは1万1111円となり、上限CPOを超えている。

この場合、ここでやめるとマイナス9人としてカウントされる。

しかし、あと1万円追加して2人集客できれば、上限CPO1万円以内で11人集客できたことになり、プラス11人となる。しかし、一人しか集客できなければCPOは1万100円となり、マイナスは9人から10人に増えてしまう。

ここでやめるべきか、あと1万円出して11人を狙うべきか。

運用メンバーはこれまでの9人分の流れを読みながら、1万円であと2人いけるかどうか、感性を研ぎ澄ましながら必死で考える。

これを毎日やることで、運用メンバーのスキルが劇的に上がっていった。

ほとんどのメンバーがデータを分析しながら、「ここはストップ」「ここは予算を上げて注ぎ込むべき」という判断を自由自在に調整できるようになった。

すると、最初の頃は多かった「上限CPO以上」の受注はめっきり姿を消しながら、「上限CPO以内」の受注がどんどん増えていったのである。

その後、さらにKPIが改良された。

たとえば、上限CPOが1万円の場合、10万円使って一人（CPO＝10万円）集客できた場合と、10万円使って9人（CPO＝1万1111円）集客できた場合だと、両方とも上限CPOを超えてはいるが、後者のほうが同じ10万円で多く集客できているので成果としてはマシである。

しかし、このルールだとマイナスカウントされる人数は後者のほうが多くなり、評価が低くなる。

ここで先の式「集客人数成果＝上限CPO以内人数－上限CPO以上人数」にあるマイナスカウント対象の「上限CPO以上人数」を修正する必要が出てきた。

よって、マイナスカウント対象の人数の算出方法を上限CPOを超えた広告セットの「**使用した広告費÷上限CPO**（この場合は10万円÷1万円＝10人）」に変更したのだ。これにより、前述のような不整合はなくなった。

クリエイティブディレクションチームの評価法 KPI

次に、「クリエイティブディレクションチーム」のKPIを設定することにした。

eコマースで商品を買う際、アマゾンや楽天などのECモールで買う場合もあるが、ネット上に表示される広告をクリックしてリンク先ページで買う場合も多い。

当社の「直接販売課」は、後者のネット上に広告を出し、自社ページに誘導して販売することをメインとしている。

広告クリック後に表示されるページは、通称「LP（ランディングページ）」といわれるが、昨今のLPは2重構造になっていることが多く、「HLP（販売LP）」と「BLP（ブリッジLP）」の2つがある。

「HLP」は商品を購入するために、ショッピングカート機能がついているLP。

一方、「BLP」は、広告からいきなりHLPに飛ばすのではなく、BLPで記事やアンケートなどを挟み、ユーザーを啓蒙したり、商品に興味を持たせたりしながらHLPに遷移させ、CVRを上げるLPのことだ。

仮に広告↓BLP↓HLPという導線で広告を出し、広告からのトータルCVRが低く、クリエイティブをチューニングする必要がある場合、BLPからの遷移率を上げるべきか、

図表3　広告→BLP→HLPという導線

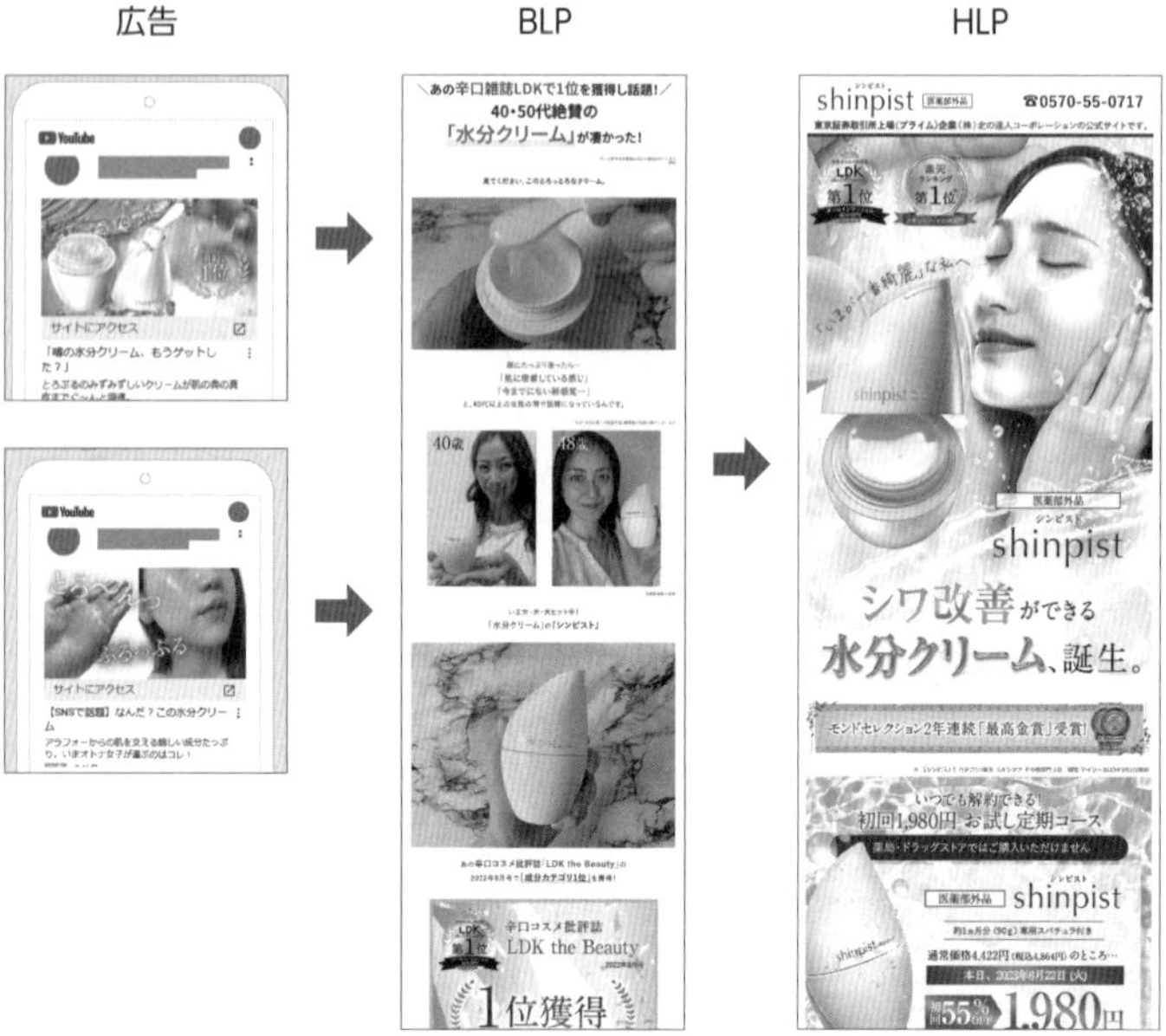

HLPのCVRを上げるべきかを数値で判断する［図表3］。

当社のクリエイティブディレクションチームメンバー（以下クリエイティブディレクター）は、「広告」「BLP」「HLP」という3種類のクリエイティブをつくっている。

前述のように、このクリエイティブの評価指標が明確でないときは「先輩に認められるもの」をつくることが目的となり、集客成果に意識がいかないメンバーもいた。

よって**クリエイティブディレ**

図表4　0.33ポイントずつ付与する仕組み

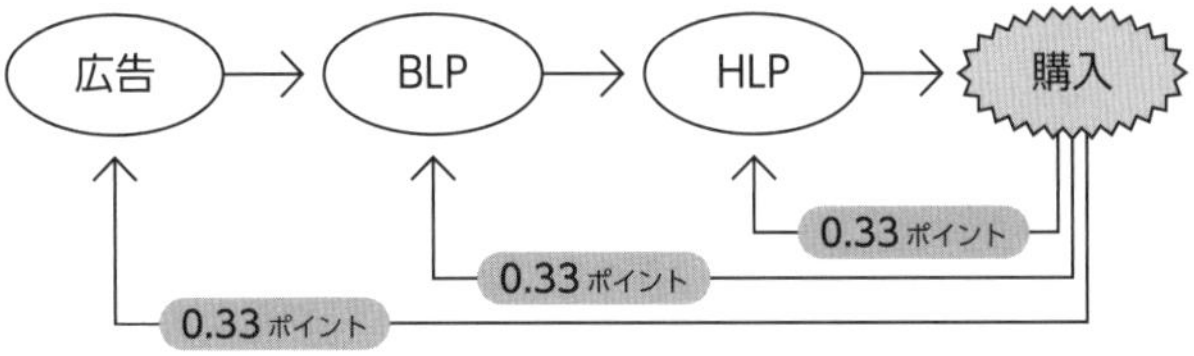

クションチームにもKPIの設定が必要だった。

お客様一人の購入は、「広告」→「BLP」→「HLP」という流れで発生しているので、成果は「広告」「BLP」「HLP」のどれをつくった人の手柄なのかが判断できない。

そこでお客様一人を集客できた場合、**「広告」「BLP」「HLP」のそれぞれの制作者に0・33ポイントずつを付与**し、1か月間に獲得したポイントを評価指標とすることにした［図表4］。

クリエイティブディレクターは、「広告」「BLP」「HLP」のどれをつくってもいい。自分が得意なもの、自分が成果を出しやすいものをつくればいいというルールにした。

すると、メンバーが面白い動きをするようになった。

自動的に「0・33ポイント」つく仕組み　KPI

まず最も簡単につくれるのは、「広告のクリエイティブ」だ。

ＢＬＰやＨＬＰは多くの画像や文章などを駆使して大きなページをつくらなければいけないので、一つつくるだけでも1～2週間はかかる。

しかし、バナー広告は画像1枚、コピー2～3行なので1日に何個もつくれる。

メンバーはこぞって広告クリエイティブ作成にシフトした。そのほうが最も効率的にポイントが稼げると思ったからだ。

しかしこの制度が稼働してしばらくすると、みんなが気づき始めた。

「**BLPやHLPをつくるほうがおいしい**」と。

ＢＬＰやＨＬＰをつくるのは、広告に比べ何倍もの手間がかかる。

しかし、クオリティの高いＢＬＰやＨＬＰを作成すると、自分だけではなく、他のメンバーがつくった広告のリンク先にもそのＢＬＰやＨＬＰを設定してもらえる。

その広告から成果が得られた場合、０・３３ポイントもらえるので、他の人たちが次々と新しい広告をつくって成果を上げていけば、自動的に自分にもポイントが入ってくる。まさに自分のつくったクリエイティブが独り歩きして、書籍の印税のようにどんどんポイントを稼いでくれるのだ（詳しくは**図表5**を見てほしい）。

広告自体は、同じ広告を同じ広告メディアで表示し続けると、飽きられてクリックされ

図表5　自動的にポイントが発生する仕組み

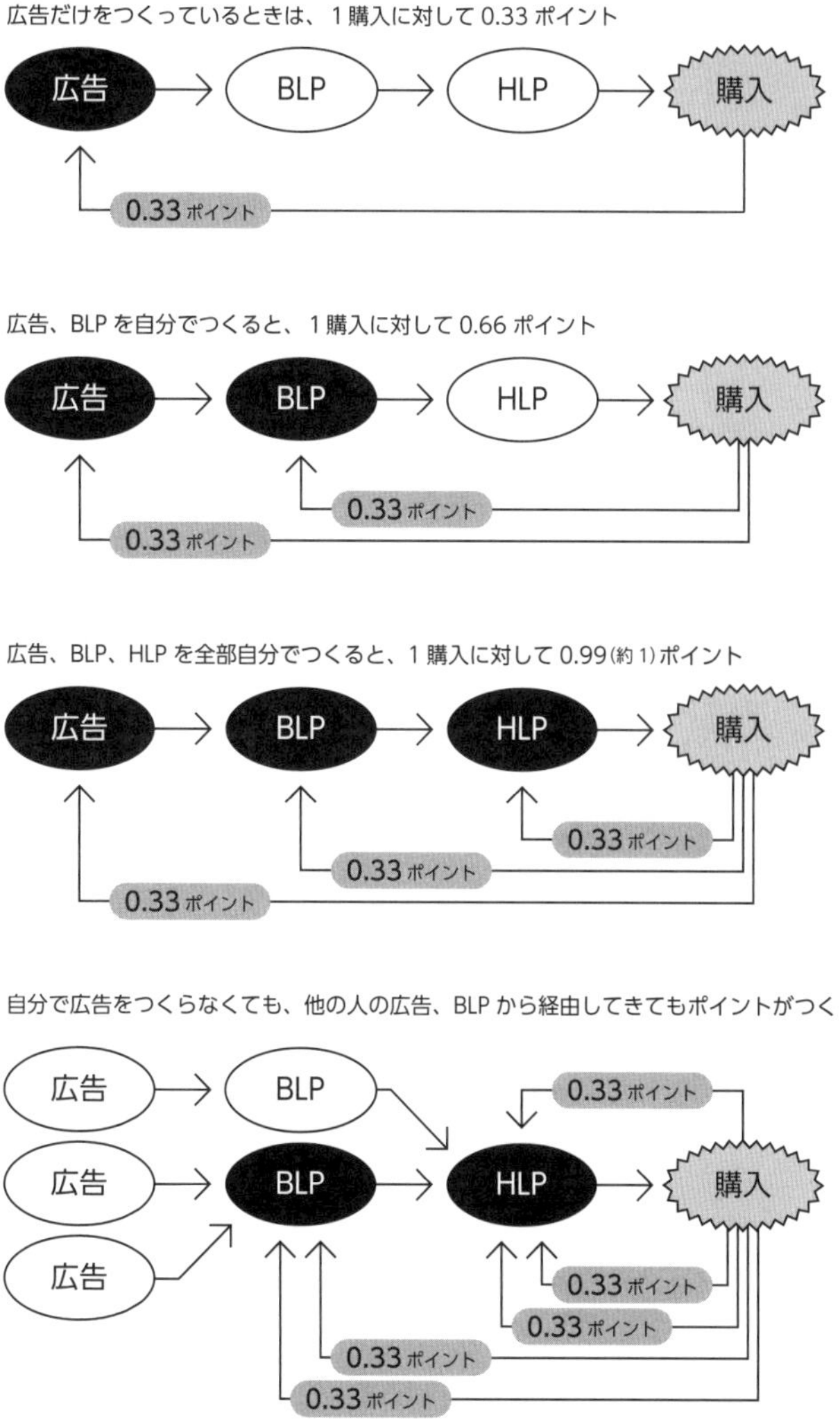
広告だけをつくっているときは、1購入に対して0.33ポイント
広告
BLP
HLP
購入
0.33ポイント
広告、BLPを自分でつくると、1購入に対して0.66ポイント
広告
BLP
HLP
購入
0.33ポイント
0.33ポイント
広告、BLP、HLPを全部自分でつくると、1購入に対して0.99(約1)ポイント
広告
BLP
HLP
購入
0.33ポイント
0.33ポイント
0.33ポイント
自分で広告をつくらなくても、他の人の広告、BLPから経由してきてもポイントがつく
広告
広告
広告
BLP
BLP
HLP
購入
0.33ポイント
0.33ポイント
0.33ポイント
0.33ポイント
0.33ポイント

なくなる。だから頻繁に新しいものをつくっていかなければならない。だいたい一つの広告の寿命は1～2週間程度だ。

しかし、ＢＬＰやＨＬＰは、広告に興味を持ってクリックした人だけが見にくるので、対象者が広告に比べ圧倒的に少ない。よって、ある人が何度も同じＢＬＰやＨＬＰを見ることは少なく、半年から1年持つのがザラだ。

反応のいいＢＬＰやＨＬＰを一回つくれば、半年から1年、０・３３ポイントが入り続ける。それに気づいた何人かのメンバーは広告をつくる傍ら、ＢＬＰとＨＬＰの作成にも着手し始めたのだった。

「助け合うほうが得」というインセンティブ　KPI

しかし、付け焼き刃でＢＬＰやＨＬＰをつくっても、他のメンバーはそのＢＬＰやＨＬＰ向けの広告をつくってくれない。より実績のあるＢＬＰやＨＬＰに向けた広告をつくったほうが成果が出やすく、０・３３ポイント稼ぎやすいからだ。

よって、ＢＬＰ、ＨＬＰをつくったメンバーは仕方なく自らそのＢＬＰ、ＨＬＰ向けの広告をつくる。そしてBLPからの遷移率、HLPのCVRの数値を上げていくため、クリエイティブを微調整していくのだ。

そして、少しずつ数字を上げていき、既存の他者のつくったBLP、HLP以上の成果が出るようになると、他のメンバーに「このBLP、HLPにリンク先を設定するともっと成果が出るぞ」と周知する。

すると、みんなが新しいBLP、HLPに向けた広告をつくるようになる。

また、BLP、HLPをつくった人は自らの経験値から「こういった広告クリエイティブをつくると成果が出やすい」とアドバイスする。

みんなが成果の出る広告をつくると、自動的に各々0・33ポイント入ってくるため、**助け合ったほうが得**なのだ。

いったん流れができると、以前は簡単な広告しかつくろうとしなかったメンバーも、BLPやHLPにチャレンジするようになってきた。

このように、**「何をどうすれば評価されるか」が数値化されると、人は動きを変える。**

「自分の評価を上げるには助け合ったほうが得」というKPIが設計できると、人を蹴落として自らの評価を上げるのではなく、助け合いながら成果を上げていくチームになっていくのだ。

しかし、簡単にはいかなかった

KPI

だが、クリエイティブディレクションチームでこの制度が稼働してしばらくすると、**新たな問題が起きてきた。**

成果を上げようとすると、新しいクリエイティブをつくるより、すでに成果が出ているクリエイティブのマネをするほうが手っ取り早く、最も効率が高いと思い始めたのだ。

ゼロからクリエイティブをつくろうとすると、写真を撮ったり、まったく違う切り口のコピーを考えたりしなければならないので、一日につくれる量が少なくなる。しかも、それで成果が出るかわからない。

しかし、すでに成果が出ているクリエイティブをマネすれば、ある程度の成果は保証され、画像やコピーを少しいじるだけでいい。

でも、それでは集客力が落ちていった原因の上塗りだ。いずれ疲弊していき、シュリンクするのは明らかだった。

現状のままのKPIだと、目先の成果を追っている人が一番評価されてしまう。これではまずい。**少しでも早くKPIを改良しなければならない。**

そこで最初に取り組んだのが、「アレンジ元への還元システム」だった。

KPI改良への第一歩 KPI

「アレンジ元への還元システム」とは何だろう。

たとえば、ここにAという成果の出た広告がある。

Aをアレンジした広告A´（エーダッシュ）をつくる場合、当社の広告クリエイティブ管理システムに「アレンジ元比率」という数値を入力する。

A´はAを80％踏襲し、20％オリジナリティを加えたものなので、「アレンジ元比率」は「80％」。よってシステムに「80％」と入力する。

通常なら一人の集客に成功したときに0・33ポイント獲得できるが、この場合、0・33ポイントの80％＝0・264ポイントはAの作成者に、そして0・33ポイントの20％＝0・066ポイントはA´の作成者に配分されるようにした。

これにより、Aをつくった人は成果を横取りされず、A´をつくる際もアレンジ元比率が高すぎると、せっかくつくっても自らのポイントが少なくなるので、なるべくオリジナリティの工夫を加えるだろうという算段だった。

部分最適と全体最適　KPI

しかし、**このルールを設けると、一気に集客人数が減っていった。**

今度は、成果が出たクリエイティブを一切踏襲せず、メンバー全員が完全オリジナルのものばかりをつくるようになった。

完全オリジナルとなると、一つのクリエイティブをつくるにも時間がかかるので、作成数は激減し、当たり外れも大きい。実際、ほとんど当たらなかった。

既存のものを踏襲して成果を上げた場合、ポイント率は下がるが、多少なりとも自分のポイントは発生する。だが、完全オリジナルでつくって成果が出なければポイントはゼロだ。

私が、

「他者アレンジばかりでもなく、完全オリジナルばかりでもなく、ちょうどいいバランスでつくれないか」

とクリエイティブディレクターに言うと、

「他者アレンジで成果を出しても、ポイントがアレンジ元に盗《と》られる」

と答えた。

このポイント制度には、誰が何ポイント獲得したか競い合うので相対評価の面がある。

既存のもののアレンジだと、自分が０・０６６ポイント取っても、その仕事によってアレンジ元に自分より多い０・２６４ポイントが加算されると、相対的に自分の評価が下がる。ならば、両方にポイントが発生しないほうがマシなのだ。

このように、**KPIの指標設定により多くのメンバーが「部分最適」に向かってしまう。**

そんな彼らに、

「そんな動き方をしていたら、目先のポイントは稼げても、会社全体としてシュリンクしてしまう」

と言っても通じない。

経営サイドとしては、メンバーが目先の評価のために頑張れば、それが会社全体の成長につながるよう、各々の指標を設計しなければならない。

つまり**部分最適を突き詰めると、全体最適になるよう設計しなければ、KPIマネジメントは機能しない**のだ。

「減点」と言うか、「加点」と言うか

KPI

確かに、メンバーが言っていることもよくわかる。

だが、私が引っかかったのは、「盗られる」という表現だった。

自分が2割アレンジしたものは8割分がアレンジ元にポイント配分されるが、それを「盗られる」という感情が湧くのは、自分の減った分がそのまま他人の加点になるところからきている。

だが、一人の集客成果が出たら、広告、BLP、HLP作成者にそれぞれ0・33ポイントずつ加点される場合、「盗られる」という感情は湧かない。

BLPやHLP作成者は「0・66ポイント盗られる」というより、誰かの広告成果から「0・33ポイントもらえる」という感覚になる。

この感情の違いは何だろう。

「アレンジ元比率」を「〜%」と設定する際、この数字によって自らの成果が下がり、その分アレンジ元に与えられる数値であることに起因する。

自らの数字を「減点」してその分、他の人に「加点」するのは誰しも気分のいいものではない。そこで次の2点を改善した。

1　成果の出た広告クリエイティブAをアレンジしたA´をつくる場合、「アレンジ元の比率」ではなく、自分がオリジナリティを加えた**「オリジナリティ比率」を「加点」する方式**に変えた。

以前なら「アレンジ元比率80%」とした場合、「100%から80%分が減点」となったが、これからは同じものを**「オリジナリティ比率20%」**とみなし、**「0%に対して20%分を加点」**という表現に変えたのだ。

実際の数字は一緒だ。しかし、**「減点」と言うか「加点」と言うかで、メンバーに与える印象は大きく違ってくる。**

2　オリジナル元のAに対しては、オリジナリティ比率は関係なく、一律0・33ポイントの30％＝**0・099ポイント**が付与されるようにした。

自分の設定した比率と関係なく加点されるので「盗られる」という感情が起きなくなる。

これにより「他の人のアレンジをすると、自分の点数が盗られる」のではなく、「他の人のつくった広告クリエイティブをアレンジしてつくった場合は、自分がオリジナリティを出した分だけ加点される」

「自分がいい広告をつくり、みんながそれをアレンジ元に使って成果を出すと、**自動的に0・099ポイントが加点**されるようになる」

という極めてポジティブな制度になった。

すると、経験が浅いメンバーはすでに成果が出ている広告クリエイティブを参考にしつつ、少しでも自分のオリジナリティを加えてブラッシュアップするようになった。

一方、スキルの高いメンバーは、成果の高い広告クリエイティブがつくれると、積極的に他のメンバーと情報共有するようになった。

共有する際には、「この広告が当たった要因は◎◎であり、アレンジする際には△△の部分は残しておいたほうがいい」と詳しい解説をするようになったのだ。

会社は制度のルール改定一つで大きく変わる。

このように、クリエイティブディレクションチームは協力し合うことで、互いの評価を上げていける仕組みが完成したのである。

KPIで一番大事なこと KPI

「笛吹けども踊らず」のとおり、考え抜いたKPIを設定しても、運用チームにしろ、クリエイティブディレクションチームにしろ、すぐに動きが変わるわけではなかった。

KPIで一番大事なことは「見える化」である。

今この時点で、自分のKPI評価がどうなっているか、数値ベースで誰にも明確にわかるようにしておかなければならない。

それに気づいた瞬間、全員のKPI数値を毎日更新し、自分の数値がいつでもわかるようにした。

それも、わざわざシステムを見にいって確認するのではなく、全員のKPI数値を一覧表にし、毎朝メーリングリストで全社に流すようにしたのだ。

これなら意識が高かろうが低かろうが必ず目に入り、「他の人にも自分のKPIが見られている」という独特の緊張感が生まれる。内心、嫌がるメンバーもいるだろうなと思っていたが、その一方で自分の仕事が数値化されることで**ゲーム感覚**が生まれ、楽しんでいるメンバーのほうが多かった。

相互作用が働く仕組み

KPI

新たに設定したKPIでは、「一人の新規集客」が発生したとき、運用チームとクリエイティブディレクションチームは別々のKPIでカウントされる。この仕組みでは「**相互作用**」が働くようになっている。

運用チームは、「広告メディアA」というメディア単位で担当を持っている。

一方、クリエイティブディレクションチームは、「商品1」という商品単位で担当を持っている。

運用チームメンバーは担当している広告メディアなら、どの商品の広告クリエイティブ

図表6　相互作用が働く仕組み

【運用チームメンバー】
広告メディアごとに担当
・クオリティの低い広告クリエイティブは出稿を断ってもいい（上限CPOを超えるとマイナスカウントになるから）
・成果の出そうな広告クリエイティブを優先して出稿、運用

【クリエイティブディレクター】
商品ごとに担当
・どの広告メディアに向けて広告をつくってもいい
・成果の出そうな広告メディアに優先してつくる

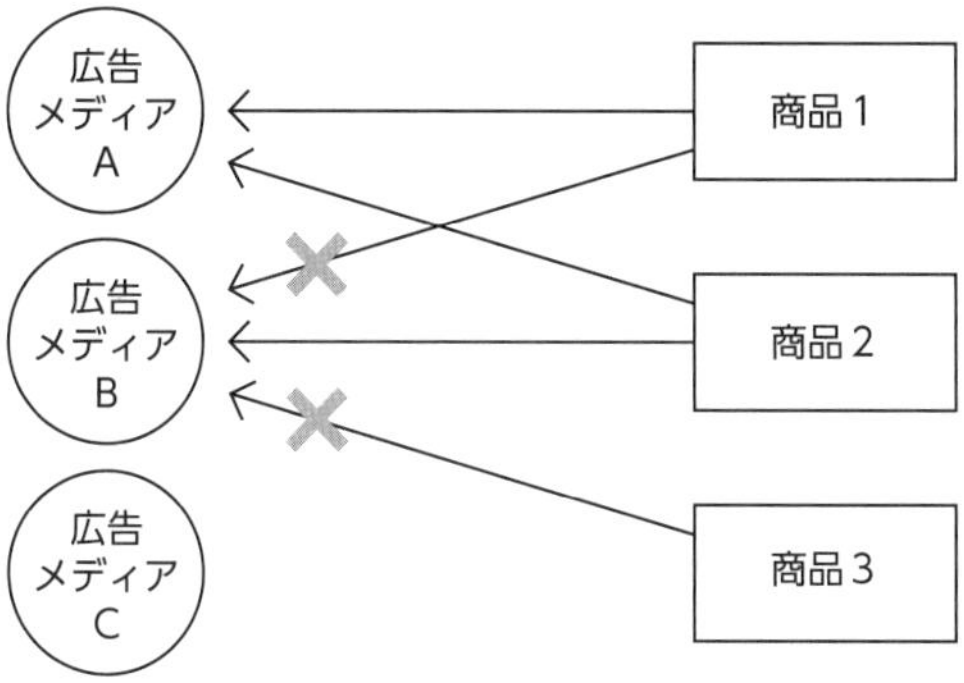

を出稿するか、自ら決められる。
クリエイティブディレクターから「この広告を出してくれ」と言われても、それが上限CPOを超えそうで自らの成果がマイナスになると思ったら出稿を断ってもいい。
また、クリエイティブディレクターは、自分の担当商品の広告はどの広告メディア向けにつくってもいい。
成果の上がらないメディアにつくるより、成果が上がるメディアに集中してつくったほうが成果が出やすいからだ［**図表6**］。

メンバーのスキルと意識が大きく変わった瞬間 KPI

このような仕組みになると、クリエイティブディレクターは「成果が出そうな広告」をつくれないと、そもそも運用担当に広告出稿してもらえない。出稿してもらえなければ成果の出しようがない。

また、運用メンバーは広告メディアの運用成績がよくないと、自分の担当する広告メディアにクリエイティブディレクターが広告をつくってくれない。広告がなければ出稿のしようがなく、成果の出しようがない。

全員が対等であるため、どちらからも不満も出ず、クリエイティブディレクターは「成果が出そうな広告」の作成に集中でき、運用メンバーは今出ている広告の成果が最大限になるよう必死にチューニングできるようになった。

これにより各メンバーのスキル、意識は大きく変わった。

同時に、クリエイティブディレクターと運用メンバーの協力関係も強化された。

仮に広告メディアAで、商品1の広告ですばらしい成果が出たとしよう。

すると、広告メディアAを担当している運用メンバーは商品2を担当しているクリエイティブディレクターに、「今、広告メディアAで商品1がこんな広告クリエイティブで成果が出ているから、商品2でも同じようなテイストの広告で広告メディアAに出すと成果が出ると思うよ」と話を持ちかける。

一方、商品1を担当しているクリエイティブディレクターは、広告メディアBの担当者に、「今、商品1の広告が広告メディアAで成果が出ているから、メディアBで出しても成果が出ると思うよ」と話を持ちかける。

全員が自らの成果を最大限にしようとすると、互いに協力し合って相乗効果を生む仕組みになったのである。

一転、危険水域に突入！　担当者の声が震えていた

様々な施策を矢継ぎ早に打ち出したことにより、メンバーの動きは確実に変わっていった。

だが、それは一朝一夕に変わったわけではない。

このような施策を打ち出してから半年くらいかけ、徐々に変わっていったのである。

前向きに取り組む姿勢は整ったが、目に見える成果が出るほどのスキルアップにまでは至っていない。スキルアップが急務だった。

その半年間も、足元の数字はどんどん落ちていき、2021年12月には**ついに直接販売課の1日の平均集客人数は100人台にまで落ちた。**

実に**全盛期の約6分の1**である。

当時200名弱の社員がいる会社で、1日の自社での新規集客人数が100人台というのは、**非常に危険な水域**だ。

前述のように、幸い当社のビジネスモデルは定期購入が7割なので、目先の新規集客が減ったからといって即売上が減るわけではない。しかし、一方で将来の売上が確実に下がっていくのは目に見えていた。

毎朝、直接販売課のメンバー全員参加のミーティングでは、前日の新規集客人数を発表するが、日を追うごとに数字が落ちていく。全盛期は1000人以上だったのが100人台まできた頃には発表する担当者の声が震えていた。

「我々はこの先どうなるんだろう」

この頃も直接販売課の**退職者の続出**は止まらなかった。

当社の将来性に不安を持った人もいただろう。

また、KPIによってすべてが数値化されることで、一部の拒否反応を示す人や、自らの仕事が成果につながらない現実に直面して挫折感を覚える人もいた。

ただ一方で、KPIによってゲーム感覚で仕事に取り組む人や、成果を上げるためにメンバー間で積極的に協力し合う人も出てきて、メンバーの働き方が二分されていった。

数字は追われると苦しいが、追うと楽しいゲームになる。

なんとかして、**このチームの戦いをゲーム・チェンジし、楽しいゲームに変えなければならなかった。**

PHASE 3 「共通言語化」という壁 ——変革期 〜共通言語化、タスク管理改革〜

PHASE2では、「KPI」や「教育の仕組み」の改革を中心に行い、試行錯誤していた。

だが、まだまだ目に見える成果がないまま、数字は下降していった。

PHASE3では、「**共通言語化**」「**タスク管理改革**」を中心に、「チームX」に取り組んでいったプロセスに触れたい。

「思考アルゴリズム」の重要性

ビジネスの成果はビジネススキルだけで出せるものではない。

成果は次の公式で導かれる。

成果＝スキル×「思考アルゴリズム（考え方のクセ）**」**

この式の「思考アルゴリズム（考え方のクセ）」が重要である。

運用チームは「直近6か月間の月間平均集客人数×1・2倍」という目標を設定した。

これに対し、今までどおり、ただ一生懸命やるだけでは達成できない。

目標に対し、**「達成できたりできなかったりする人」と「毎回必ず達成できる人」では、まったく違った「思考アルゴリズム」が働いている。**

目標達成するには、**スキル以前に「目標を達成するための戦略・戦術」**を立てておく必要がある。

「達成できたりできなかったりする人」は作戦を立てたうえで、「作戦Aがうまくいけば目標達成できるので必ずやります」と言う。

しかし、これは「作戦Aがうまくいかなければ達成できない」ということだ。

「必ずやります」は「作戦Aを必ずやる」という意味で、「必ず目標達成する」という意味ではない。この考え方だと、達成できるかどうかは作戦Aの結果次第となる。

どんな作戦も外部要因など不確定要素がある。作戦Aが外部要因でうまくいかないときには目標が達成できない。

「今回達成できなかったのは作戦Aがうまくいかなかったからだが、原因は外部要因であり自分の責任ではない。自分はやるべきことはすべてやったので悔いはない」と自己満足していたら、いつまで経っても目標達成できる人にはなれない。

あなたも、このようなやり方をしていないだろうか？

この仕事のやり方は「運頼み」「他責」「自己満足」思考であり、**「○○がうまくいけば達成できる」というのは戦略ではなく〝ギャンブル〟**なのだ。

目標達成のための「達成確率100%キープの作戦」 共通言語化

一方、「毎回必ず達成できる人」の「思考アルゴリズム」は、作戦Aがうまくいく確率は25%（感覚値でOK）なので、残り75%を埋める作戦Bを並行して用意する。

あるいはそれぞれ25%の作戦C、D、Eの３つを用意し、残り75%を埋める。

「毎回必ず達成できる人」の「必ずやる」は、「達成確率の合計100%分の作戦を用意し

てやる」ということだ。

どんな作戦も実行していくと、作戦Aが失敗するケースが出てくる。

すると、残りの作戦の達成確率は75%となり、25%分足りなくなる。

よって、即座に作戦Bに移行しながら、25%分の新たな作戦を並行して補充していくのだ。

このように、日々状況が変わることで、「足りなくなった達成確率」を確認しつつ、足りない分の作戦を補充する。

1個だけの作戦を用意し、それが失敗してから急に新しい作戦を考えても間に合わないので、常に100%分を用意しておく。するとダメになった分だけを追加すればいい。

進捗状況を確認しながら、「このままでは達成できない」とわかったらすぐに現業務をやめ、戦略の練り直しを行う。このままでは達成できないことがわかっていながら、今のやり方を続けても意味がない。

しかし、**多くの人は「昨日の続き」の仕事をやってしまう**。

1か月（30日）で900人の集客をする目標があった場合、1日30人集客しなければならない。

このやり方だと、月の15日段階で450人集客できていないといけないが、200人しか集客できていなかった場合、「このままのやり方では絶対に達成できない」とわかる。だが、大半の人はそのままのやり方を続ける。ほとんどの人は合理的に判断しているのではなく、そのときの感情で判断しているからだ。

作戦の立て方を共有する 共通言語化

運用チームは、目標達成するために次のような作戦を立てた（詳しくは拙著『時間最短化、成果最大化の法則』参照）。

【事前準備】

新規集客目標を100人とした場合、思いつく作戦と「想定数」を立てる〔**図表7**〕。

【1】

作戦A～Dがすべてうまくいけば、200人獲得できる。

図表7　理論上成功する設計図

施策案	想定数	具体的なアクション	成功確率	見込数
作戦 A	40	～をする	40%	16
作戦 B	30	～をする	30%	9
作戦 C	60	～をする	30%	18
作戦 D	70	～をする	20%	14
目標差	—	—	—	−43

想定数合計 200 人

見込数 57 人

図表8　作戦 E ～ G を追加した理論上成功する設計図

施策案	想定数	具体的なアクション	成功確率	見込数
作戦 A	40	～をする	40%	16
作戦 B	30	～をする	30%	9
作戦 C	60	～をする	30%	18
作戦 D	70	～をする	20%	14
作戦 E	30	～をする	40%	12
作戦 F	60	～をする	30%	18
作戦 G	40	～をする	40%	16
合計	330	—	—	103
目標差	—	—	—	＋3

作戦 E ～ G を追加

だが、これで喜んではいけない。各作戦の「成功確率」を冷静に判断して入力する。そして「想定数」と「成功確率」を掛けると「見込数」が出てくる。

この場合、見込数を足しても57人にしかならず、あと43人分足りない（※厳密には成功確率と見込数の関係性はおかしいが、必要施策案数を算出するためにあえて使っている）。


【2】

作戦E〜Gを追加し、見込数を100人以上とする。これで「理論上成功する設計図」が完成する［図表8］。

月間目標の場合は、月初段階でこの数字が達成できていなければならない（地図がないまま走り始めてはいけない）。


【3】

月が始まり、10日間で作戦A〜Cを実施した。

Aは失敗したので成功確率0％に書き換える。

Bは30人の想定だったが10人にしかならなかった↓成功確率33％に書き換える（33％成功

図表9　作戦の実施

施策案	想定数	具体的なアクション	成功確率	見込数
作戦A	40	～をする	0%	0
作戦B	30	～をする	33%	10
作戦C	60	～をする	0%	0
作戦D	70	～をする	20%	14
作戦E	30	～をする	40%	12
作戦F	60	～をする	30%	18
作戦G	40	～をする	40%	16
合計	330	—	—	70
目標差	—	—	—	**−30**

したという考え方）。

Cは失敗したので成功確率0％に書き換える。

すると、見込数合計が30人足りない〔**図表9**〕。

【4】

そこで作戦H～Oを追加し、見込数の合計100を維持する（ここで維持できなければ達成不可能。100を維持できていないまま翌日に持ち越してはならない→**図表10**）。

ただし、後から追加する施策案は絞り出したものなので、ほとんどが小粒なもの。一つひとつの見込数が小さいので施策案数が多くなる。

図表10　作戦の変更

施策案	想定数	具体的なアクション	成功確率	見込数
作戦A	40	～をする	0%	0
作戦B	30	～をする	33%	10
作戦C	60	～をする	0%	0
作戦D	70	～をする	20%	14
作戦E	30	～をする	40%	12
作戦F	60	～をする	30%	18
作戦G	40	～をする	40%	16
作戦H	60	～をする	30%	18
作戦I	20	～をする	5%	1
作戦J	20	～をする	10%	2
作戦K	10	～をする	20%	2
作戦L	10	～をする	10%	1
作戦M	20	～をする	10%	2
作戦N	10	～をする	20%	2
作戦O	10	～をする	20%	2
合計	490	—	—	100
目標差	—	—	—	0

しかし、はたして本当に今月中にこの施策案を全部こなしきれるのか?

見込数を上げる方法は2つある。

「新たな施策案を増やす」か**「既存案の成功確率を上げる」**かだ。

たとえば作戦Ⅰは想定数20だが、成功確率は5%なので見込数が一人。これは作戦Fの成功確率を30%から32%に2%引き上げるのと同じだ〔**図表11**〕。

そこで、見込数の少ない小粒な作戦Ⅰ~Oを却下する。

そして、作戦Dの成功確率を20%から30%に引き上げる。

作戦Fの成功確率も30%から40%に引き上げる。

これにより100人分の見込数を維持する(単純に数字をいじればいいのではなく、「何をどのようにして成功確率を上げるのか」を記述する→**図表12**)。

このように、**限られた時間を「新しい施策」に使うか、「既存施策の成功確率を上げる」ことに使うかの判断が重要**である。

多くの人は、「案がたくさんあればどれか当たるだろう」とたくさん案を上げた時点で満足してしまう。

しかし案が多すぎると、期限内に実施できなかったり、冷静にその案の成功確率を考え

図表 11　作戦の再変更 1

施策案	想定数	具体的な アクション	成功確率	見込数
作戦 A	40	～をする	0%	0
作戦 B	30	～をする	33%	10
作戦 C	60	～をする	0%	0
作戦 D	70	～をする	20%	14
作戦 E	30	～をする	40%	12
作戦 F	**60**	～をする	**30% → 32%**	**18 → 19.2**
作戦 G	40	～をする	40%	16
作戦 H	60	～をする	30%	18
作戦 I	**20**	～をする	**5%**	**1**
作戦 J	20	～をする	10%	2
作戦 K	10	～をする	20%	2
作戦 L	10	～をする	10%	1
作戦 M	20	～をする	10%	2
作戦 N	10	～をする	20%	2
作戦 O	10	～をする	20%	2
合計	490	—	—	101.2

図表12 作戦の再変更2

施策案	想定数	具体的なアクション	成功確率	修正成功確率	見込数	修正施策
作戦A	40	〜をする	0%	0%	0	
作戦B	30	〜をする	33%	33%	10	
作戦C	60	〜をする	0%	0%	0	
作戦D	70	〜をする	20%	**30%**	21	〜によって成功確率を上げる
作戦E	30	〜をする	40%	40%	12	
作戦F	60	〜をする	30%	**40%**	24	〜によって成功確率を上げる
作戦G	40	〜をする	40%	40%	16	
作戦H	60	〜をする	30%	30%	18	
~~作戦I~~	~~20~~	~~〜をする~~	~~5%~~	~~5%~~	~~1~~	
~~作戦J~~	~~20~~	~~〜をする~~	~~10%~~	~~10%~~	~~2~~	
~~作戦K~~	~~10~~	~~〜をする~~	~~20%~~	~~20%~~	~~2~~	
~~作戦L~~	~~10~~	~~〜をする~~	~~10%~~	~~10%~~	~~1~~	
~~作戦M~~	~~20~~	~~〜をする~~	~~10%~~	~~10%~~	~~2~~	
~~作戦N~~	~~10~~	~~〜をする~~	~~20%~~	~~20%~~	~~2~~	
~~作戦O~~	~~10~~	~~〜をする~~	~~20%~~	~~20%~~	~~2~~	
合計	390	—	—	—	101	—

ると、それでも案が足りなかったりする。

毎回目標達成する人は、進捗状況によって各案の結果が出なくても、全体として見込数が達成する数字を常に維持している。

いつも目標達成できない人は、当たっても「まぐれ」で再現性がない。

目標達成の仕方を「思考アルゴリズム」としてマスターできると、仕事でも人生でも常に目標達成できる。

この作戦の立て方を拙著『時間最短化、成果最大化の法則』では、「**達成確率１００％キープの法則**」と名づけた。

社内では、「達成確率１００％キープの作戦を立てて」と言うと、徐々にこの法則に基づく粒度でメンバーが作戦を立ててくるようになった。

立てた作戦を実行できない理由

タスク管理

このように、作戦を立てて実行していくが、実際にはこのとおりにはならない。

作戦がうまくいかない一番の理由は、「人は感情の生き物」だからだ。

期待していた作戦Aがうまくいかなくなると、あわてて別の作戦Zをやってしまう。結局、A～Hの作戦を立てたのに、A～Cだけに固執したり、まったく別のことをやってしまったりするのだ。

作戦は地図である。

地図を一度見ただけで目的地にたどり着ける人はほとんどいない。曲がり角ごとに確認しないといけないのだ。そのため、各自目標を立てながら、ほぼ毎日進捗確認を行った。

ほとんどのメンバーは、見事なほど当初立てた作戦と違う動きをする。

「○○さん、作戦Aが終わったら、作戦Bをやる計画だったよね？　なぜいきなり新たな作戦Sをやっているの？」

「そうなんですけど、Aがうまくいかなくて。その原因は××なのでそれに対処しようと思い、Sをやっています」

「Aの成功確率は30％だよね。それがうまくいかなかったときのために作戦B～Hで70％分用意し、Bの成功確率はAと同じ30％を想定していたよね。だからAがうまくいかなかったら、予定どおりBに行くべきじゃないの？」

「そうなんですけど、Aの失敗の原因が○×なので、そこに対処しないといけないと思い、Sの作戦を立てました」

「なるほど。状況が変わったから作戦を変えたんだね。ちなみに作戦Sの成功確率は何％？」

「やってみなければわかりません」

「SはAの失敗をカバーすることで30％以上の成功確率に持っていけるなら、SのほうがBより優先度は高くなるけど、そうなの？」

「そもそも失敗したAのアレンジなので、成功確率は低いと思います」

「じゃあ、予定どおり成功確率30％のBをやろう」


こういった会話が繰り返された。多くのメンバーは私から指摘されて初めて自らの非合理的な行動に気づく。

最初に立てた作戦は理論上１００％達成できる作戦だ。実行すれば必ず達成されるはずである。

一人ひとりの広告運用スキルは高い。だが放っておくと、感情に流されてしまい、いつまで経っても目標達成できない。

これが「**成果＝スキル×『思考アルゴリズム（考え方のクセ）』**」**といわれる所以**だ。

23歳、最年少チームリーダーの抜擢

タスク管理

そんなとき、先輩や同僚に「それって、おかしくないですか？」と指摘する若手が現れた。シュウヘイの同期で、入社2年目のタツオだった。

タツオは相手が「でもSの作戦も大事で〜」と言い出しても一切ブレず、「でも、そもそもAがすんだらBをやることになっていましたよね？　それを決めたときと状況が変わる大きな出来事って起きていませんよね」と言い続けるのだ。

ビジネスは「よい戦略」と「ブレずに実行する力」があれば必ず成功する。

よい戦略は知識があれば、誰でも立てられる。

新卒上がりのコンサルタントが、大企業の立派な戦略を立てたりする。

だが、多くの人は「ブレずに実行する力」を持っていない。だから戦略は絵に描いた餅となってしまう。

タツオは「ブレずに実行する力」を持っていた数少ない一人だ。

私はおもいきって、チーム最年少（23歳）のタツオを運用チームリーダーに抜擢した。

するとタツオは、運用チームメンバーが立てた作戦の進捗状況を一人ひとり毎日確認しながら、ブレを指摘し、修正させ続けた。

これにより、分散されていた戦力が一本道をまっすぐ進めるようになっていった。

運用チームメンバーは職人肌が多く、コツコツやるのは得意だが、リーダーシップを発揮するタイプはいなかった。

チームとしてもタツオの存在はありがたかったようで、最年少リーダーだからといって特に混乱はなかった。

「チーフD制度」をつくった理由

教育の仕組み

運用チームの仕事は、ある程度正解があるものだったことと、職人気質のメンバーがそろっていたので、個人差はあっても大きく失敗することはなかった。

しかし、クリエイティブディレクションの仕事はそうはいかない。正解がない仕事であるため、成果が出ない人はいつまで経っても成果が出ない。

そこで、ある程度方向性を示せるリーダー的存在を置きたかったが、なかなかそれができなかった。

それまでクリエイティブディレクションチームにはリーダーを置かず、横一線にしていたが、その状態では私のマネジメントが行き届いていなかった。

そこで、運用チームリーダーになったタツオと新規メディア攻略チームのシュウヘイと相談し、「**チーフディレクター**（以下チーフD）**制度**」をつくることにした。

チーフD制度とは次のような制度だ。

- **今まで横一線だったクリエイティブディレクターの中から、商品ごとに「責任者」となるディレクターを選抜する**（この選抜された人をチーフDとする）
- **クリエイティブディレクターは、チーフDを中心としたチームの一員として配属され**

る。チーフDは自分が担当する商品のクリエイティブの方向性、作成や出稿の戦略等を担い、チームメンバーへの指示を行いつつ、チームの指揮を執る
・チーフDの評価は他のクリエイティブディレクターのようなポイント制ではなく、運用メンバーと同じく「目標への達成率×集客人数」で行う
・チーフDの目標は「自分の担当商品の直近6か月間の月間平均集客人数×1・2倍」とする
・チーフDになるには様々な条件をクリアし、昇格試験を受けて合格しなければならない

当時、社内にはチーフＤ資格をクリアできそうな人が４人いた。

その４人に昇格試験を受けてもらい、チーフＤに任命した。

具体的な条件は**図表13**のとおりだ。

最も重視したのは**商品の理解力**だった。

単に過去に誰かがつくったＢＬＰやＨＬＰを見ておさらいするのではなく、実際に商品を使い、調べ、これまで眠っていた商品の魅力を見出さなければならない。

図表13 チーフDの昇格条件

チーフDの昇格条件
【ファンダメンタルズスキル】
「誰」に「何」を「どう(どのように)」が設計できる (コンセプトワークとロジックツリーの作成およびそれに基づいたクリエイティブのディレクション)
単なる説明ではない購入気分を盛り上げるエモーショナルな文章、構成のセールスライティングができる
今までにないユニークでオリジナルなクリエイティブを生み出せる
この商品が売れなくなったときに、新しいターゲット、新しいUSP、新しい表現方法を生み出して復活させられるほど、商品についての「成分、作用機序(薬物が作用を発現するメカニズム)、ユーザー、競合情報」を知り尽くしている
ターゲットのデモグラフィック、サイコグラフィックの特性を理解したクリエイティブ作成ができる ※年代、性別、嗜好性に合ったワードチョイスができる(業界用語、略語、若者言葉を使わない)
薬機法(医薬品、医療機器等の品質、有効性及び安全性の確保等に関する法律)、景表法(不当景品類及び不当表示防止法)の最低限の知識を持っており、セルフチェックできる
BLP→HLPの「エモーションリレー」(129ページ)をつなげて制作できる
自社クリエイティブ、他社クリエイティブの着眼法を問わず、適切な「当たり要素分析」と、それに伴うクリエイティブアレンジ、再現を行うことができる
社内にある素材(フリー素材含む)以外を自分で用意(撮影、外注交渉、情報収集)してコンテンツをつくれる
コンテンツに対して適切なビジュアルを選定できる(低クオリティの合成、低解像度、バランスを欠いた縦横縮尺、色がチグハグ、一昔前のトレンドの画像を使わない等)
【テクニカルチューニングスキル】
マイクロコピーやポップアップなどのCVRアップのためのテクニックを適切に配置している
デイリーの数値管理フローが妥当に実行できている
適切に広告原稿の管理を行いながら、漏れなく横展開/縦展開ができている
各広告メディアのセグメント、配信設定を知っている
各広告メディアのアルゴリズムの特徴を知っている
各広告メディアの配信ボリュームを知っている
各広告メディアの画面特徴を知っており、面に合わせてつくり分けができる(記事面に広告感の強いクリエイティブを出したりしない)
配信結果のテクニカル分析ができる(アドマネ〈広告管理システム〉チューニング、ヒートマップツール等)
ABテストなどのクリエイティブの結果分析を行う際は、数値やパターン(LPが長い、短い等)から「よい・悪い」の判断をするのではなく、実際のクリエイティブを見るユーザーのインサイトに基づいた適切な善後策の判断ができる
【ビジネススキル】
1か月間、他のチーフDなどの手を借りなかったとしても、担当商品の件数を維持拡大できる状態になっている
他部署、他職種、他社と「言われたことを鵜呑みにする」「こちらの都合を押しつける」のではなく、双方にとってベストなすり合わせができる(NG状態/難しいと言われた場合に理由も確認せず、実現させる方法も考えずに受け入れる)
新しい広告メディア、新しい企画、新しい販売スキームに積極的に取り組んでいる
今月の獲得件数最大化のために、優先順位をつけた戦略が立てられる
今月の獲得件数最大化のために、スピード感、生産性が身についている
独自に他社成功事例を集めたり、他社クリエイティブの着眼法を研究したりしている
確認不足による凡ミスをしない(誤字脱字、ファイルの添付し忘れ、記載漏れ、古いファイルの添付等)
クリエイティブレベルアップのために、日頃から情報収集、勉強をしている

チーフDになる人には、「**あなたの担当商品が売れなくなったら、あなたの仕事はなくなる。商品と心中するつもりでやってください**」と伝えた。

多くの項目は私、タツオ、シュウヘイの3人で「この人はできている、できていない」と定性的に判断した。しかし商品の理解力については、当社副社長に対し、自分の担当商品についてプレゼンする課題を与えた。

商品開発の鬼・副社長面談

副社長は商品開発担当なので、商品に関しては隅々まで知っている。

プレゼン内容を間違うのは論外だ。

「この商品の特徴は？」

「同類の他社商品にはどんなものがある？」

「他社商品との違いは？」

「なぜそんな効果があるの？」

「他社の○△のほうが効果がありそうだけど、本当にこっちのほうがいいの？　その根拠は？」

など厳しい質問が矢継ぎ早に飛んでくる。

付け焼き刃の商品理解だとすぐ答えに詰まってしまうのだ。

「この商品について自分が世界で一番知っている」と思える人でないと、大切な商品の命運は預けられない。

チーフD候補4人のうち、サカモッちゃんとススムの2人は副社長面談で落ちた。

「この程度の知識では大切な商品を預けられない」という判断だった。

私も面談に同席したが、彼らには表面的な知識しかなかった。すでにあるページの情報を舐めていた程度で、少し突っ込んだ質問をされると答えに窮した。

ただ、彼らは「考えたこともなかったことが質問された」ことによって自分たちの商品理解の浅さを痛感した。

その後、何人かの商品部メンバーからレクチャーしてもらいつつ、自ら勉強し直し、再試験を受けた。

このときは格段にレベルが上がっており、2人とも合格した。

そしてススムがこう言った。

「今まで社長に『商品の勉強をしろ』と言われていたが、正直、自分はやっていると思っていた。でも今回、求められているレベルが全然違うんだということが初めてわかりました」


つまり「商品の勉強をする」という言葉一つとっても、レベル感の共通認識ができていなかった。何を言っても伝わらなかったわけだ。

しかし、このままではいけない。何を伝えても、何を教えても届かない。

まずは「共通言語化」する必要性を感じた。

『ファンダメンタルズ×テクニカル マーケティング』の裏側

共通言語化

「商品の勉強をする」といっても、私の言う勉強とメンバーのイメージする勉強とはまったく違う。

同じ業界で勉強会を行っても、「LTV」一つとっても会社によって定義が違う。

一枚岩のチームをつくるには、なによりもまず「共通言語化」することが重要だ。共通言語で話し、常に共有できる状態をつくらなければ、日常業務もままならない。

その頃、出版社と2冊目の本の執筆について打合せをしていた。

担当編集者は、「木下さんの好きなテーマにしていいですよ」と言ってくれた。一般的にマーケティングをテーマにした本はあまり売れない。しかし、編集者の言葉に甘え、社内の教科書用に使うマーケティングの本をつくらせてもらうことになった。社内用マニュアルを商業出版してもらえるとはなんとも贅沢な話だ。

初の著書『売上最小化、利益最大化の法則』がそこそこヒットしたおかげでわがままが通ったようだ（結果的にこの2冊目もヒットしたのでご恩は返せたと思うが）。

人は同じ内容の情報でも、ワードの文章ファイルより、書籍化されたほうが「正しい情報」だと受け取りやすい。

メンバーが真摯に学ぶ姿勢をつくるには、社内マニュアルは書籍化したほうがいいと考えた。

ただ、私のマーケティングスキルを書籍にすれば、ノウハウが流出するリスクがある。一方で、書籍を読んで興味を持った人が採用募集に応募してくれれば、当社のノウハウを全部知ったうえで入社してくれるので即戦力化が図れる。

当時は業界全体がシュリンクし始めていた。自分の会社さえよければいいというレベルの問題ではない。業界全体が浮上する必要があるのだ。そう考え、メリット・デメリットはあるが、メリットのほうが大きいと判断し、書籍の執筆に入った。

「ファンダメンタルズ」とは？「テクニカル」とは？

共通言語化

最初に取り組んだ「共通言語化」は、ＷＥＢマーケティングを「**ファンダメンタルズマーケティング**」と「**テクニカルマーケティング**」**の2種類に分けた**ことだった。

ファンダメンタルズマーケティングとは、商品そのものやユーザーのペルソナ（商品・サービスの典型的なユーザー像）、インサイト（消費者を真に購買へと突き動かしている心理的要因）を分析し、コミュニケーションを設計することである。

一方、テクニカルマーケティングとは、**クリック率**（表示されている広告をクリックした率）、**遷移率**（広告から飛んだＢＬＰサイトから購入するカートに移動した率）、**購入率**（購入するカートのあるサイト〈販売ＬＰ〉に訪れた人の購入率）、**キーワード**（顧客が検索エンジンに入力したキーワード）などのデータから顧客とのコミュニケーションを設計することである。

図表14 ファンダメンタルズマーケティングとテクニカルマーケティングの関係

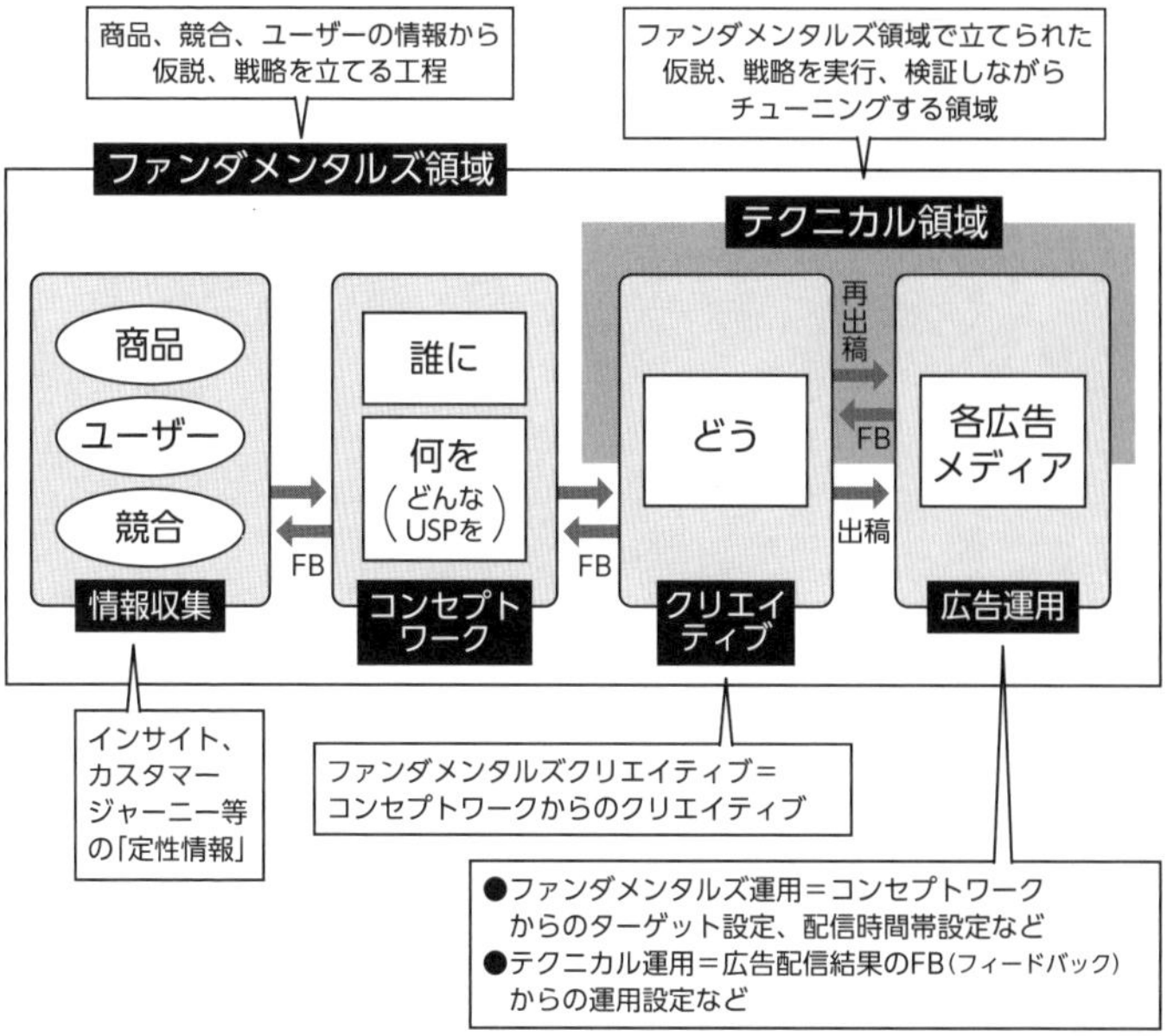

今回、我々のクリエイティブが疲弊した原因はテクニカルマーケティングへの偏重にあった。

WEB業界でマーケティング担当者の多くは、テクニカルマーケティングこそがマーケティングだと思っている。

しかし、テクニカルマーケティングはマーケティング全体の一部でしかなく、「つくられたものを効率化していく」一工程にすぎない。

「つくり出す」という上流工程は、ファンダメンタルズマーケティングなのだ。

そもそもテクニカルマーケティングしかやったことがない人はファンダメンタルズマーケティングの存在自体を知らない。だからこそ、自分たちがどの位置で何をやっているのかを理解するための俯瞰図が必要だった［**図表14**］。

「共通言語化」はじめの一歩

教育の仕組み　共通言語化

書籍を執筆しながら、様々な共通言語をつくっていった。

前述の「ファンダメンタルズマーケティング」のように、メンバーが概念そのものを知らないものに名前をつけ、解説していくのである。

ここで2つほど例を挙げよう。

「誰に、何を、どう」

商品の広告をつくる際、いきなり表現方法を考えるのではなく、まず、「**誰**（どんなターゲット）」に、「**何**（その商品の特徴）」を伝えるかを決める。そのうえで「**どう**表現するか」を考える。

広告クリエイティブをつくる際、いきなり広告コピーを考え出そうとしたら、「ちょっと待って！ この広告って、**誰**に**何**を**どう**伝えないといけないんだっけ？ まずそこから考えて」と指導するのだ。

ABーXテスト

A〜Cのクリエイティブ広告を出し、どれが最も成果がいいかを選ぶ「ABテスト」がある。

ネット広告では安価で短期に実施できるので、ABテストが重宝される。

だが、ABテストはA〜Cの中で最も成果が出たものを見つけられるが、もしかしたらもっといいものがつくれるかもしれないし、最もよいとされたCは実際には採算が合っていないかもしれない。

よってABテストの後、必ず「これ以上のものはないか」「採算が合っているか」を考え、新たな「X」の広告クリエイティブをつくる必要性がないか、社内で確認するようにした。

これを、当社ではABテストではなく「**ABーXテスト**」と呼ぶようにした。

このように、一つひとつを体系化し、書籍に落とし込んだ。そして完成したのが『ファンダメンタルズ×テクニカル マーケティング』である。

シュウヘイがこの本をベースに、**「ファン×テク研修」**という研修プログラムをつくった。ワードの資料をバラバラに渡してもすぐになくしてしまうが、書籍で渡せばわからないところは「〇ページを見て」と一言で伝えられる。これにより教育効率が一気に上がっていった。

最強の組合せは、本当に最強か？

「共通言語化」とは「概念」に名前をつけることだ。

その概念にピッタリの名前がついたとき、社内で一気に共通認識が生まれる。

実はクリエイティブディレクターに、**どうしても伝わらず、非常に苦労している概念が**あった。それは「クリエイティブの組合せ」に関することだった。

前述のように、我々が出すWEB広告は「広告」をクリックして飛んだ先の「BLP」を読んで興味を深め、「HLP」に遷移して購入する流れのため、「広告」→「BLP」→「HLP」という導線になっている。次のような流れが一般的だ。

・「広告」＝「日本の268種類の育毛剤を調べてみた結果……」という少し後に含みを持たせるキャッチコピーにする
・「BLP」＝「日本の268種類の育毛剤を調べた結果、育毛作用は13種類あることがわかった。しかし、その13種類をすべて網羅している育毛剤は存在しない。よって我々は日本で唯一13種類の作用を持つ育毛剤を開発した」という内容
・「HLP」＝13種類の作用を持つ育毛剤が買えるページ

この「広告→BLP→HLP」の組合せは、掲載内容がきっちりつながっている。

だが、このような組合せの導線を複数つくっていくと、問題が起きてくる。

次のように、2種類の導線があったとしよう。

広告1→BLP1→HLP1。

広告2→BLP2→HLP2。

実際出稿してみると、

「広告は1のほうがクリック率が高い」

「BLPは2のほうが遷移率（HLPに飛ぶ率）が高い」

図表15　はたして最強の組合せになるか？

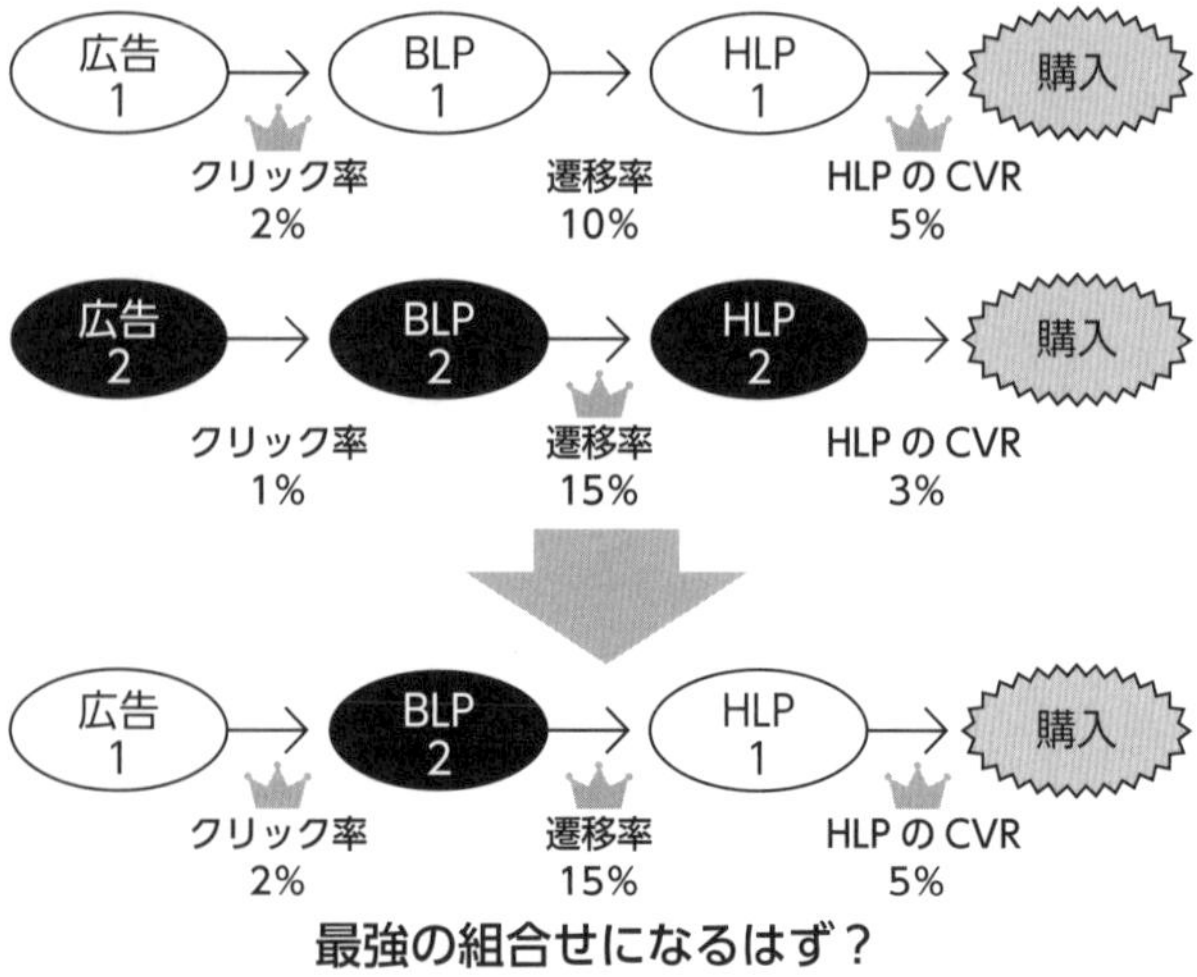

「ＨＬＰは１のほうが購入率が高い」というデータが出たとき、安易に最終的な組合せを、「広告１→ＢＬＰ２→ＨＬＰ１」にしてしまうことがある［図表15］。はたしてこれが本当に正しいのだろうか？

テクニカルマーケティングと分業化の弊害　共通言語化

数値上は確かに「広告１→ＢＬＰ２→ＨＬＰ１」の組合せが最強に見える。

だが、そもそも１は１のストーリー、２は２のストーリーで３つの組合せができているので、噛み合わなくなる。こうすると**劇的に成果が出なくなる**のだ。

冷静に考えれば当たり前だ。

小説の1章を読んだ後の2章が、「他の小説で人気だった2章」を入れたからといって面白みが増すわけではない。かえって意味がわからなくて離脱してしまうだろう。こんな当たり前な間違いが現場で頻繁に起きていた。

データをもとに行うチューニングが、データしか見ず、クリエイティブの中身を見ないために逆効果になっていたのだ。

これは**数字だけで物事を判断する、間違ったテクニカルマーケティングの弊害**だ。

同じ人間が広告1→BLP1→HLP1をすべてつくっていれば、こういったことは起きないが、分業化が進み、広告1をつくった人とBLP1をつくった人が別々になると問題が生じてくる。

本来、BLP1をつくる人は、広告1を見てつくらなければいけない。だが、他のBLP2の成果が高いと、BLP2を参考にしてつくってしまう。

このように、**分業化が進んだことでチグハグな導線のクリエイティブが量産されていった**。これではうまく集客できるはずがない。

これに対し、私が「導線がおかしい」と言うと、「いえ、広告の次にBLPに飛んで、BLPの次にHLPに飛んでます」と、中身の話ではなく「リンク設定」の話に受け取られた。

そこで、「広告とBLP、HLPの中身の整合性が取れていない」と言うと、「広告の写真とBLP、HLPの写真は統一しています」と、クリエイティブの「トンマナ（トーン&マナーの略、デザインやテイストなどの一貫性）」のことと受け取られた。

私としては、「話がつながっていない」と言いたいのだが、どうしても表面上の枠組みとしてとらえられてしまい、**1年間くらい言葉を変えながらホワイトボードで説明したが、どうしても伝わらなかった。**

一つひとつのクリエイティブがよくても、つながりが悪ければ成果は出ない。

「つながりが悪いから成果が出ないのだ」と必死でメンバーに伝えようとしたが、なかなか伝わらず、「こんなにいいクリエイティブをつくったのに、成果が出ないのは商品に問題があるのでは？」と言い出すメンバーさえいた。

「エモーションリレー」という発明 共通言語化

一方、タツオとシュウヘイは、この概念についてよく理解していた。

この頃は、いくつかの「共通言語化」がうまくいき始めていたので、本丸である「広告→BLP→HLPの中身のつながり」の概念を伝える共通言語の発明に3人で取り組んでいた。

いろいろな案が出てきたが、最終的に「**エモーションリレー**」という案にたどり着いた。

そして「エモーションリレー」を次のように定義した。

【エモーションリレー】

エモーションリレーとは、ユーザーが「広告」を見てクリックし、「BLP」を読んで納得し、「HLP」に遷移。HLPを読み終わり、購入ボタンを押すまで「各ステップ間を違和感なく読み進めていく」流れ。

「広告では、こう言っているのにＢＬＰにきたら、それに対応する内容がないからエモーションリレーが途切れている」

「広告、ＢＬＰ、ＨＬＰの導線のエモーションリレーがつながっているかチェックする」

といった形で使う。たとえば、

・広告コピーは、「母（53）が最近明るくなった秘密とは⁉」と書かれているが、ＢＬＰでは母のことが一切触れられないまま終わる

・広告画像が20代女性の鉛筆風のイラストだったが、飛び先のＢＬＰのファーストビュー（ＦＶ）が50代女性の顔だった

・ＢＬＰの最後のボタンが「今すぐ購入する！」となっているのに、飛び先のＬＰが「アンケートＬＰ」になっていた

といったとき、エモーションリレーが途切れたり、薄まったりする（エモーションリレーにバグが起きるともいう）。

最近は、広告、ＢＬＰ、ＨＬＰをそれぞれ別の人がつくる分業化の弊害として、エモーションリレーのバグが多発している。

エモーションリレーのバグは、次のようなケースで起きる。

- **「飛び先LPを見ずに広告をつくる」**（当たり広告を参照してつくる等）
- **「飛び先HLPを見ずにBLPをつくる」**（他のBLPを参考につくる等）
- **「広告の飛び先を変える」**（当たったBLPやHLPに飛び先を変える等）
- **「広告、BLP、HLPの組合せを変える」**
- **「広告、BLP、HLPを修正した際、エモーションリレーを確認していない」**

「エモーションリレー」という共通言語は見事にメンバーたちに伝わった。

「エモーションリレーが途切れている」「エモーションリレーがズレている」「こうすれば、もっとエモーションリレーが強化される」など、メンバー同士の会話に「エモーションリレー」が頻発するようになった。

その観点で目の前の広告の導線を見直すと、明らかにおかしい部分に気づき始めたのだった。

「エモーションリレー革命」で起こった大変化　共通言語化

後から振り返っても、「言葉一つでこうも変わるのか」と思うほど、「エモーションリレー」という「共通言語化」はまさに発明だった。

これによりクリエイティブチームのスキルに大きな変化が生み出された。

ここで次の2つの施策を行った。

まず、**過去に成果が出ていた広告で、今は成果が出なくなった広告導線の「エモーションリレー」をタツオが徹底的に見直した。**

すると、「最初は成果が出ていたが、もっと成果を上げようとして別の導線のLPとつなげたことで『エモーションリレー』が崩れ、成果の出なくなった導線」が大量に発掘された。

これら一つひとつ「エモーションリレー」を調整しながらクリエイティブをつくり変えたり、組合せを変えたりしていった。

すると、過去に成果が出なくなっていた広告が、成果を上げるようになってきた。

この状況を目の当たりにした他のメンバーも、一斉に担当している導線を見直し、**「エモ**

ーションリレー」が崩れているところを調整すると、どんどん成果が出始めたのだ。

次に行ったのは、**「ロジックツリー」の作成**だった。

「エモーションリレー」が崩れるときにはパターンがある。

すでにつくられた広告やLPの組合せを変えるときと、新しいクリエイティブをつくるときだった。

クリエイティブ作成における王道のコンセプトワークとは、商品、ユーザーを見て、「誰に、何を、どう」伝えるかを設定することである。

しかし、前述の「広告1→BLP1→HLP1」のBLP1をつくり直すときは、あくまでもこのBLPの前後には広告1とHLP1があることを前提にしなければならないので、この商品の「ターゲットは誰」で、「どんな魅力を伝えるべきか」という**「王道」のつくり方をすると失敗**する。

このBLP1のターゲットは、「広告1をクリックした人」であり、伝えるべき内容は「広告1で興味を持たせた内容からHLP1につなげる話」なのだ。

そこで、「誰に」×「何を」×「どう（どのように）」の王道と「エモーションリレー」の

図表16　一目でわかるフォーマット

広告	1．誰に	今ヤフーを見ている人で、最近抜け毛が多い人
	2．何を	薄毛を回避するならやるべきことがあります
	3．どう	 **【事実】一生に生える毛の本数は決まっている。薄毛回避者がやっていたこと**
BLP	1．誰に	↑この広告をクリックした人
	2．何を	・人の髪の毛の生えるサイクル、抜けるサイクルのロジックを説明 ・髪の毛を維持するには「発毛促進」だけでなく、「抜け毛予防」も同時に行わなければ髪の毛は増えないということ ・「発毛促進」と「抜け毛予防」を両方できる育毛剤があること
	3．どう	実際のページのURL　http://www.xxxxx.com/blp
HLP	1．誰に	↑この広告をクリックして、このBLPから遷移してきた人
	2．何を	・この商品は「発毛促進」と「抜け毛予防」を両方できる育毛剤であること ・今なら初回半額で手に入ること ・実感しなければ全額返金してもらえるのでリスクがないこと
	3．どう	実際のページのURL　http://www.xxxxx.com/hlp

関係性が一目でわかるフォーマットをつくってみた［図表16］。

このように、クリエイティブ同士の関係と、つながりがわかるフォーマットを通じて、**以前のようなチグハグなクリエイティブはほとんどなくなった。**

そして、「エモーションリレーの魔術師」といわれるサカモッちゃんが頭角を現し始めた。サカモッちゃんもタツオ、シュウヘイの同期だ。

サカモッちゃんのつくるクリエイティブは、一つひとつのインパクトはそんなにない。だが、新規のものや既存のものを修正する広告、BLP、HLPでは莫大な成果を出すのだ。

インターネットが普及してはや二十数年。パソコンを電話回線でつないでいた時代からスマホで見るようになる変遷の中で、「当たりやすい広告」の形式はどんどん変わっていった。

ネットが特別なものではなく、普通のものになったからこそ、**「インパクト」より「ユーザー感情」に寄り添った広告が成果を出す**ようになっていた。

その流れをうまくつかんだサカモッちゃんは、顧客感情に基づき、派手ではないが「エモーションリレー」の整った広告導線を次々当てていった。

派手な広告クリエイティブは当たると目立つので、すぐに競合にマネされる。

だが、「エモーションリレー」で顧客に寄り添った広告導線は、ターゲットの人にしか価値がわからない。どれだけ成果を上げても、ユーザー心理を理解していない企業はマネしようにもマネできないのだ。

「エモーションリレー」という共通言語の発明で、過去の当たったクリエイティブを踏襲してばかりだったメンバーたちが、**顧客と商品を見て顧客感情に寄り添ったクリエイティブ**を生み出せるようになってきた。

タツオ、シュウヘイという若手リーダーの牽引と、様々な改善施策が少しずつ実を結び始め、２０２１年12月の１日平均集客人数１６３人を底として数字は下げ止まった。

そして、翌月の２０２２年１月には２００人台に戻った。

それでも全盛期の４分の１から5分の１であることに変わりはなかった。

ただ、この半年間、毎月、前月を下回っていたが、少しずつではあっても前月を上回るようになってきたのである。

PHASE 4 あと一工夫が生まれる風土
――急上昇期 ～風土改革～

PHASE3では、おもに「共通言語化」「タスク管理」を中心とした改革を行った。

これにより、PHASE2の「KPI」「教育の仕組み」と合わせて徐々に成果が実を結び始めた。

PHASE4では、「風土」の改革が合わさることで、「チームX」の成果が急上昇することになったプロセスをお伝えしよう。

変わるときは一気に変わる 風土

2022年3月、最悪期から3か月ではあったが、様々な施策により徐々に風土が変わり始めた。

経験上、「風土」を変えるのはとても難しい。

だが、**変わるときは一気に変わる。**

ＫＰＩを設定したことで、「何をどう頑張ればいいか」「どれくらい頑張ればいいか」が明確になった。これにより闘争心に火がついたメンバーが出始めた。

ＫＰＩを設定した最初の半年くらいはメンバーも「評価は数字でされるんだ」くらいの受け取り方だった。

ベテラン勢は変わらずこれまでのやり方を続け、若手は目の前の仕事を覚えるのに必死で、ＫＰＩを意識してもＫＰＩの「数値を上げる」まではいかなかった。

しかし半年くらい経つと、若手がスキルを身につけ、ひととおりの仕事ができるようになった。

やり方次第でＫＰＩの数値を上げられるようになった頃に初めて、「結果さえ出せば年次関係なく評価される」というＫＰＩの面白さに気づき始めたのである。

スターメンバーはどうやって誕生したか　風土

前述したように、直接販売課のメンバーは月末に、MVPシートを提出する。これは今月中に自分がやった仕事をアピールするレポートだ。

管理職はこのMVPシートを参考にしてMVP受賞者を決定する。そのMVPシートも、すべてKPIベースの報告に統一した。

するとサカモッちゃんは、得意の「エモーションリレー」で多くの人数の集客に成功した成果を、華々しく色文字を使ったMVPシートでアピールするようになった。そして明確に、MVPの受賞を狙ってきたのである。

それに応じるように、運用チームの楠田《くすだ》もMVPを狙ってきた。

楠田は入社2年目の若手で、当社の前に200社落ちたという強者だ。

よく「IQが20違うと会話が噛み合わない」というが、楠田はIQが異常に高い。そのため、独特のコミュニケーションをする（そもそも「200社落ちた！」と堂々と公言する時点でかなり個性的だろう）。

しかし、根は真面目だし、なにより頭の回転が速く、洞察力が高いので採用した。そこしてそのとおり、期待以上の大活躍をしてくれていた。

楠田も自らの成果をMVPシートでアピールし、毎回、MVPシートでは入社2年目同士のサカモッちゃんと楠田の一騎打ちになっていた。両者はMVPまたは準MVP受賞者の常連になっていったのだ。


「KPI」に対する向き合い方は2つある。


一つは、とりあえず目の前のことを一生懸命やり、結果としてどんな数字になったか？を受け取るタイプ。

もう一つは、**KPIの指標に合わせ、仕事のやり方を変えるタイプ**だ。

後者のタイプがいないと、いくらKPIに工夫を凝らしたところで組織は変わらない。

このとき、楠田とサカモッちゃんがKPIの数字を上げられるよう創意工夫を行い、内容をMVPシートに記述。「僕は○×という方法でKPIの数字を上げ、№1の成果を上げました！」とアピールするようになってきた【図表17】。

すると、他の若手が応えた。みんなでどんどん工夫し、KPIの数字を上げることにこだわり始めたのだ。

スターメンバーが生まれると、それにあこがれ、みんなの行動が変わる。まさにこの2

図表17　MVPシートの一例

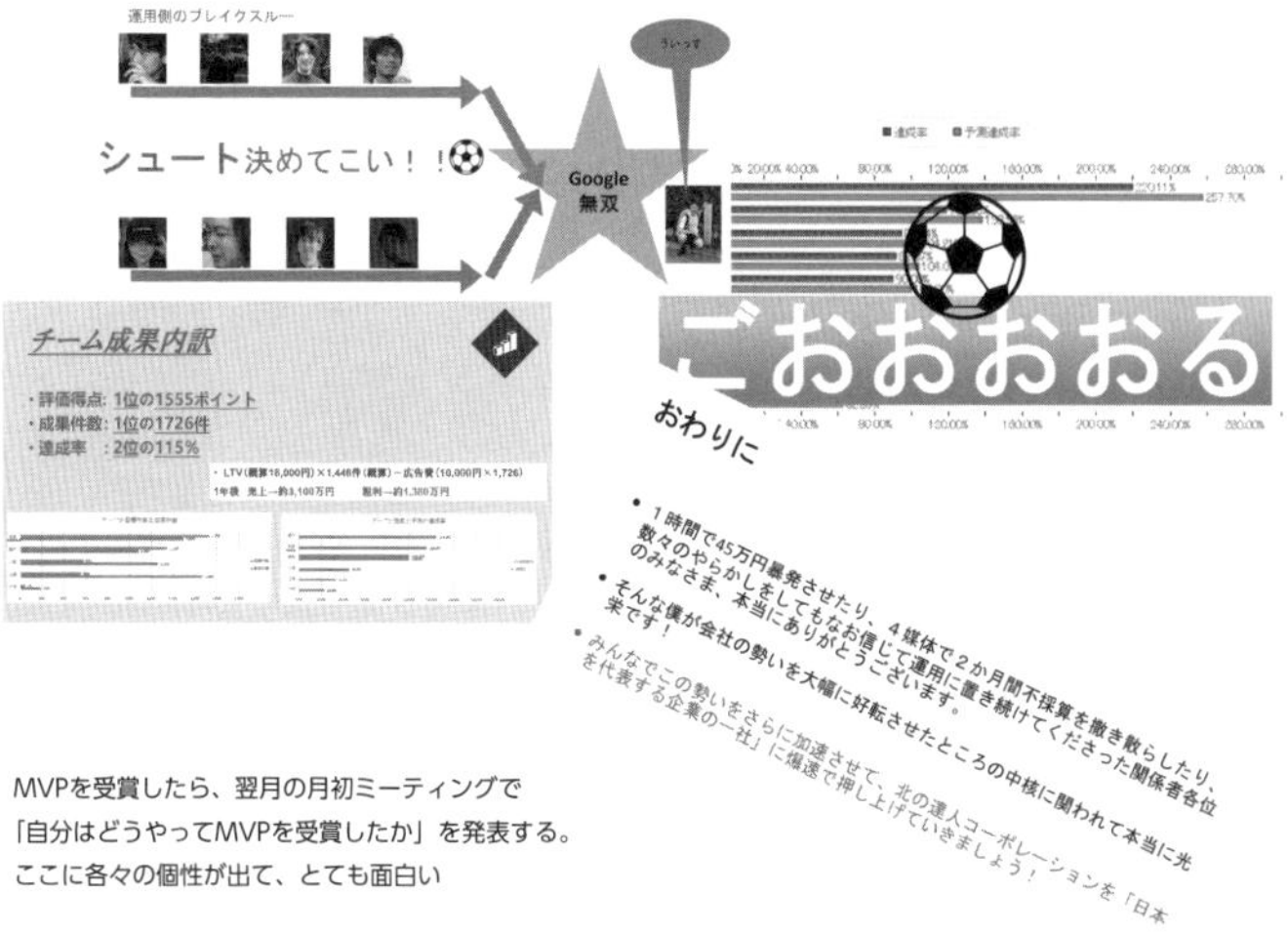

MVPを受賞したら、翌月の月初ミーティングで
「自分はどうやってMVPを受賞したか」を発表する。
ここに各々の個性が出て、とても面白い

人の活躍で風土が変わったことを実感し始めた。

「成果を出すことが正義」という風土のつくり方　風土

当社の会議は、パソコン画面を見ながら資料を共有したほうが生産性が上がるので、オフィスに出社していても、自席でＺｏｏｍ画面を共有しながら話し合う。楠田もＺｏｏｍを使い、よく打合せをしていた。いつも大声で、「どうすれば数字が上がるか」を一日中誰かと話していた。

「これ、こうやってみたら、もっと数字

が上がると思うんです」

「これ、ここで数字が止まっているんだけど、あきらめたくねぇな〜」

「○△さんがつくってくれたクリエイティブ、大当たりしましたよ！　ありがとうございます！」

といったポジティブな大声のミーティングにより、楠田の周囲のメンバーは「こういうやり方があるんだ」「ここまでこだわると、こんなに数字が出るんだ」ということが嫌でもわかる。**すさまじい熱量が周りに伝染していった。**

一方、サカモッちゃんは、「こういう動きをしたときの評価が数字に反映されていないので、ＫＰＩの仕組みをこう変えませんか？」と私にＫＰＩの細かい修正案をどんどん出してきた。

メンバーの中には、ＫＰＩに反映されない部分は一切やらない人や、ＫＰＩに関係のない部分をやって「評価されていないが会社にとって大切な仕事をしている」と自己満足する人もいた。

だがサカモッちゃんは、会社としてやるべきことを明確に把握し、それが正確にＫＰＩに反映され、正しく評価される体制づくりに奔走した。そのうえで、自らのＫＰＩもトップレベルで達成し続けたのである。

2人の活躍により、**「成果を出すことが正義」という風土**が徐々に醸成されていった。

ここで誤解してほしくないのは、「成果さえ上げていればなんでもいい」「他人を蹴落としてまで成果を競う風土になった」わけではないということだ。

前述のように、成果を上げるには**助け合い、協力し合うのが一番効率的な仕組み**だ。彼ら2人が率先して協力し合いながら、成果にこだわる風土をつくっていったのだった。

全体リーダーに立候補した頼もしい人物

この頃、クリエイティブディレクションチームはサカモッちゃん、運用チームは楠田がエースとして活躍する一方、タツオは運用チームリーダーからもう一段視座を上げ、直接販売課全体を見るようになっていた。

あるとき、タツオが直談判してきた。

「会社として成果を上げるには、自分が一メンバーとして実務をやっているだけでは限界がくる。直接販売課全体に関わって成果を上げたいので、自分の数値目標を『直接販売課全体の集客成果』にしてください」

運用チームにも、クリエイティブディレクションチームにも、各メンバーは個人として「月間集客人数の過去半年平均の1・2倍」という目標があるが、各チーム全体にも「チーム目標」として同じロジックでつくった目標がある。

タツオは「運用チームとクリエイティブディレクションチーム両方（直接販売課全体）のチーム目標を自らの目標にしたい」と言い出したのである。

その頼もしさに、もちろんOKを出した。

そして運用チームのリーダーをタツオの1年後輩の井出にバトンタッチし、タツオを直接販売課全体のリーダーにした。

タツオがそう言い出したのには理由がある。

クリエイティブディレクションチームと運用チームの間に、「**横展開漏れ**」という課題が潜んでいたのだ。

大きな機会ロスの温床を発見

タスク管理

あるとき、サカモッちゃんが自らのＫＰＩ数値を上げるため、運用チームメンバーと打合せをしていた。

運用チームメンバーは「広告クリエイティブが疲弊してきて反応が悪くなってきた。新しいものをつくってほしい」と言った。

そこでサカモッちゃんは、どの広告メディアに、どのクリエイティブが掲載されているか確認した。すると、**「横展開漏れ」が多数あることに気づいた。**

広告クリエイティブは一つの広告メディアで成果が出ると、他のメディアでも同じものを出していく。これを「他の広告メディアに〝横展開〟する」という。

「横展開漏れ」とは、この横展開がしっかりなされていないことだ。

たとえば、Ａというメディアで成果が出た「あ」という広告クリエイティブを、Ｂというメディアにそのまま出しても成果が出るとは限らない。

理由は２つある。

一つは、メディアごとにユーザーが違うから。

もう一つは、メディアごとの出稿ルール（文字数や画像サイズ）に合わせて修正した場合、クリエイティブの元々のよさが薄まってしまうからだ。

よって成果が出なければ、「あ」を各メディアごとにアレンジし、「あ（あダッシュ）」「あ（あダッシュダッシュ）」にしなければならない。

だが、運用担当者は他の「い」や「う」の広告も運用しているため、少しやって成果が出ないと後回しにしていた。

何の実績もない「い」や「う」より、他の広告メディアで成果が出ている「あ」をメディアに合わせてアレンジしたほうが成果が出るはずだ。だが、そうならないまま放置されているクリエイティブが多数あることに気づいた。

ここに**「大きな機会ロス」が生まれていた**のだ。

監督、キャプテン、エースの役割

それに気づいたサカモッちゃんは、新しいクリエイティブをつくるのではなく、**他のメ**

ディアで成果が出ているのに、きちんと横展開されていないクリエイティブを、メディアごとにチューニングしていった。

これにより、メディアによっては、**前月の3倍の成果を生み出した。**

このように、クリエイティブ力は上がってきたし、運用スキルも向上してきたのに、**組合せに漏れ**があるために大きな機会ロスが発生していた。

これに気づいたタツオが「全体を見る人間が必要だ」と自らその役割を買って出たわけだ。正直なところ、私自身、長年この部署のマネジメントをしているので、横展開漏れが発生していることに気づいていた。だが、それをメンバーに指摘しても誰も動こうとしなかった。

ＫＰＩマネジメントがまだ浸透せず、自らの仕事は「ＫＰＩの数字を上げること」ではなく、「クリエイティブをつくること」「言われたとおりの広告枠を運用すること」になっていたため、みんな自分の仕事ではないという認識だった。

これをサカモッちゃん自ら横展開漏れを埋めることで成果を出しつつ、タツオが**横展開漏れが一目でわかる表**をつくり、各メンバーに「ここに横展開漏れが起きているからチューニングして」としつこく指示していった。

こうして徐々に「横展開漏れ」が埋まっていった。

やはり監督一人が奮闘してもしょうがない。

キャプテンやエースがいるからチームは動く。

この頃から、クリエイティブディレクションチームと運用チームの両輪がうまく噛み合い、チームがゴロンと回り始めた。

このままでは1日1000人は無理!?

2022年4月後半になった。

4か月前の2021年12月は、1日平均集客人数は163人だった。

だが、各自のスキルアップと横展開漏れ防止により最悪期を脱し、新規集客人数が300人を超えるようになってきた。

エースの楠田、サカモッちゃんの活躍はさることながら、タツオの全メンバーに対するマイクロマネジメントが確実に成果を出していた。

運用メンバーに対する戦略の優先順位のマネジメントだけではなく、横展開漏れを発見・

周知する仕組みをつくり、クリエイティブディレクターにも優先順位を明確に伝えていった。

烏合の衆だったチームも、ようやく組織的な統制が取れてきた。

だが、シュウヘイがこう言った。

「確かに伸びてきてはいるが、このままでは1日1000人の集客人数に戻すのは無理ではないか」

ＫＰＩ管理による業務の優先順位の明確化、戦略立案、横展開漏れ防止などのタスク管理によって成果は上がってきているものの、「新規採用メンバーの戦力化」「現メンバーのさらなるスキルアップ」がないと、１日１０００人の目標を達成できる体制にはならないと言う。

確かにそうだった。成果が上がってきているとはいえ、間違っていたやり方がまともになったり、仕事の抜け漏れを防げるようになったりしただけにすぎない。

厳密にいえば、「最悪ではなくなった」レベルにようやくなってきたところだ。

スキルについてはまだまだ属人的で、スキルアップした人もいれば、相変わらず自分のやり方を押し通している人もいる。

1日1000人の集客を実現するには、もっと組織的に動く必要があり、教育体制の構築が急務だった。

シュウヘイの決意

教育の仕組み

そんなとき、

「僕は現場を離れて教育に専念すべきだと思います」

とシュウヘイが言った。

当時の直接販売課はすべてがKPIで評価されていた。シュウヘイも現場の最前線でKPIと格闘し評価されていたが、現場から離れて教育担当になりたいというのだ。

見方によっては「主流から外れる」と受け取られかねない。

しかし、シュウヘイは続けた。

「これによって僕は評価されにくくなるかもしれません。同時に3年目という若いうちに現場を離れてしまう怖さもあります。でも、今の北の達人を経営的視点で見ると、今こそ教育体制をつくることが必要だと思います。そのためには新規メディア攻略チーム時代から育成を担当していた僕が最適なんだと思います」

シュウヘイは将来的に経営者を目指していた。

その観点で「自分の評価」のためではなく、「北の達人の経営」の観点から自分が前線から離れる決意をしたのだ。

正直、涙が出るほどありがたかった。

そして、シュウヘイは「**3か月でメンバーを戦力化する研修プログラム**」**［図表18］**をつくり、新人や社歴の浅いメンバーを育成していった。

組織は付け焼き刃では変わらない。長期的な視点に基づいて手を打っていく必要がある。今までは傷口を防いで止血しているだけだった。しかし、これ以上を目指すには根本的な治療が必要となる。

研修名	研修内容
薬機法テスト受験	テスト２回不合格者は、広告コンプライアンス室のレクチャーを受ける ※広告コンプライアンス室と連携＆承諾済 →今後、薬機法の勉強資料を整備し、事前にレクチャーを受ける
ロジックツリー 研修レクチャー	【ロジックツリー研修レクチャー】 【作業】書籍『ファンダメンタルズ×テクニカル マーケティング』の第１章をまとめて図解 【議論】知識ゼロの大学生に教えるつもりで発表：広告・BLP・HLPの作成時に使用
新・着眼法研修① 着眼法フェーズ	【着眼法レクチャー】 【作業】一人一つ以上、ｉ.思わず目を引き、ⅱ.テキストを読みたいと思い、ⅲ.クリックしたいと思ったものをピックアップ＆要因分析して記載する（タブ：着眼法シート） 【議論】３人一組でチームを組み、他のメンバーから違う観点で要因について意見をもらう→チームの中で一番ｉⅱⅲが優れているものを議論し、ベースとなる着眼法元を決める 【先輩からのフィードバック】複数＆異性の先輩などから
新・着眼法研修① 着眼法フェーズ	
新・着眼法研修② トレースフェーズ	【トレースレクチャー】 【作業】同じ着眼法元から、個別で各々が広告を作成する。この際、社内のテキスト・画像を見るのは禁止（自分で撮影・編集、２次利用可能、著作権フリー画像フォルダからのみ） 【議論】他のメンバーから意見をもらいながら修正。組み合わせるなどして各々の完成広告を決める
新・着眼法研修② トレースフェーズ	
新・着眼法研修③ チューニングフェーズ	【アドマネ〈広告管理システム〉＆BIツール＆管理画面レクチャー】 【作業】基本の毎日の成果確認ルーティンを確立 【アドマネチューニングレクチャー】過去作成した資料・動画をブラッシュアップして再録画 【議論】チューニング案についてメンバーで議論し、意見を出し合う
新・着眼法研修③ チューニングフェーズ	

図表18　3か月でメンバーを戦力化する研修プログラム

【AD(アシスタントディレクター)昇格基準】カリキュラムで身につける内容	
薬機法	・薬機法、景表法の最低限の知識を持っており、セルフチェックできる
エモーションリレー	・事業者(つくり手)の観点ではなく、ユーザー(見る人)の観点で、日々の資料・メール・クリエイティブを作成できる ・BLP → HLPの「エモーションリレー」をつなげて制作できる
着眼法 (着眼力)	・独自で他社成功事例を集めつつ、他社クリエイティブの着眼法の研究ができる
着眼法 (要因分析力)	・自社クリエイティブ、他社クリエイティブの着眼法を問わず、適切な「当たり要素分析」と、それに伴うクリエイティブアレンジ、再現を行うことができる
着眼法 (トレース力)	・各広告メディアの画面特徴を知っており、面に合わせてつくり分けができる(記事面に広告感の強いクリエイティブを出したりしない)
オリジナルコンテンツ	・社内にある素材(フリー素材含む)以外を自分で用意(撮影、外注交渉、情報収集)してコンテンツをつくれる
チューニング 1	・配信結果のテクニカル分析ができる(アドマネチューニング、ヒートマップツール等)
チューニング 2	・ABテストなどのクリエイティブの結果分析を行う際は、数値やパターン(LPが長い、短い等)から「よい・悪い」を判断するのではなく、実際のクリエイティブを見るユーザーのインサイトに基づいた適切な善後策の判断ができる

優秀な指揮官に育った証の「MVPシート」

２０２２年５月、タツオが直接販売課全体をマネジメントするようになってから３か月目。ついに**運用チーム、クリエイティブディレクションチームの両方がそれぞれの月次チーム目標を達成した。**

目標設定が「直近６か月間の月間平均集客人数×１・２倍」なので、直近の成果が悪ければそもそも目標自体が低くなる。だが「１・２倍」には、下げ止まりプラス反転という要素がある。いわゆるＶ字回復の折り返し地点から右肩上がりの方向に歩を進めたのだ。

この月の１日平均集客人数は３４４人。これは最悪期の２倍強。日によっては４００人を超えた。

この月、タツオがＭＶＰを受賞した。このとき、タツオは次のようなＭＶＰシートを提出した。

ただ優れた戦略だけをすり合わせても、実際、それが戦術として形になるかは全然別の話だと認識し、行動と結果を追い切ることを意識しました。

今月の取り組みの概要としては以下のとおりです。

運用面では、全アカウントを自分の担当と認識し、細かくすり合わせをしました。注力すべきアカウントについては、必ず自分自身で管理画面と実績を毎日確認し、細かい運用設定やターゲティングの指示・すり合わせや、拡大方法の考案、配信原稿の選定や展開、過去原稿の成果分析と原稿復活の検討など、すべて自分のアカウントと認識したうえで実行。特に優先度の高いアカウントを中心に各運用担当者と密なコミュニケーションで正しい方向に件数拡大を進められたのはよかったと思います。

今月は優先度の高かった広告メディアAにかなり注力しました。いかに月初で件数拡大し、学習データを溜めた状態ですばやくスタートを切れるかが重要だったので、ゴールデンウィーク中も楠田さんとずっとＬＩＮＥをしながら今後の方向性をすり合わせました。

僕が連休中、家族や友達を含め一番やりとりしたのは間違いなく楠田さんです（※運用チームは業務の特性上、許可を得て勤務。もちろん代休もいただいています）。

また、クリエイティブ面では、足元と中長期の集客数拡大の打ち手を両方進めてきました。

足元については当たり原稿が出たら必ず内容をチェックし、その原稿の横展開をチーフDに行ってもらうのはもちろん、当たった要因が画像とテキストの両方かどちらかか、BLP・HLPのどこに要因があるかを確認。過去と今回の当たり要素を組み合わせた新規原稿の拡大を行ってきました。

結果的に、5月は新規で当たりの広告画像やテキスト、新規LPとして成果のよいものはつくれなかったものの、先月より集客数を伸ばし、クリエイティブディレクションチーム全体で目標達成できたので取り組みは間違っていなかったと感じています。

タツオは優秀な指揮官に育っていた。

「1日1000人」目標達成宣言

このときタツオは、「4か月後の2022年9月30日までに、1日平均集客人数目標を1000人にする」と宣言。その戦略を直接販売課全体に発表した［**図表19**］。

図表19　「1日1000人」目標達成宣言

【戦略イメージ】

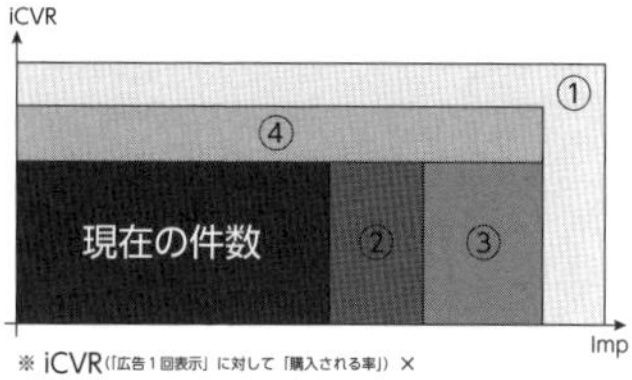

※ iCVR（「広告1回表示」に対して「購入される率」）× Imp（表示回数）＝CV数（購入数）

■各戦略の説明

①既存の打ち手の徹底
・横展開による配信母数の拡大
・縦展開 / 「エモーションリレー」の精度向上 / 着眼法による新規クリエイティブ作成などによるiCVRの向上

②広告メディア拡張
LINE/YouTubeを中心に新規広告メディアの攻略

③悩みの細分化によるターゲット拡張
同じ悩みでも、より細分化して自分ごと化できるターゲットを広げる

④訴求の細分化
年齢や性別など配信設定に合わせてクリエイティブをつくり分ける

各戦略による1日1000人達成スキーム
（2022年9月末に達成目標）

現在の件数：デイリー550件（2022年7月末）

①既存の打ち手の徹底：＋100件（約650件）
現状右肩上がりに伸びているので、今の延長で＋100件の件数増加は堅い

②広告メディア拡張：＋170件（約800～850件）
・LINE：＋100件
過去実績として1商品1日当たり30~50件取れている。審査攻略とポリシーに合わせた訴求を設計できれば、全商品で＋100件は実現できる
・YouTube：＋50～100件
広告メディア規模を考えれば広告メディアポテンシャルは十分。
過去実績がないため低めに見積もっているが、新規メディア攻略チームを中心にクリエイティブを1～2本当てられれば実現できる

③悩みの細分化によるターゲット拡張：×1.1倍（約900件）
ターゲットが拡張することで、獲得母数を全体で1.1倍にする

④訴求の細分化：×1.1倍（約1000件）
訴求を配信設定できるユーザー属性ごとに調整してiCVRを全体で1.1倍にする
（リスティング広告で初動CVRが約5倍の実績あり）
例）「40代以上で話題沸騰」として40~70歳にリーチしていたところを各年代ごとに分けて訴求する

※これは2022年8月に修正したもの

当時の1日平均集客人数はまだ344人。だが、タツオは手ごたえを感じていた。2022年5月は直接販売課全体では目標達成したものの、個人では達成者と未達成者に分かれていた。

しかし3か月後の8月には、運用チームはチーム目標はもちろん、メンバー全員が個人目標を達成した。一人ひとりのスキルが確実にアップしている証拠だった。8月時点で1日平均集客人数は554人にまで伸びていた。

ミッション、ビジョン、バリューのつくり方

共通言語化　風土

一方、直接販売課だけではなく、全社レベルで風土改革のプロジェクトが1年ほど前（2021年10月）から進んでいた。

当社は約20年前の2000年に私が自宅で起業し、独自の経営手法で伸びてきた。

起業の成功確率は極めて低い。一般に10年後に残っている確率は6％、20年後に残っている確率は0・3％といわれる。**企業は「つぶれるのが普通」**だ。だからこそ、つぶれずに20年以上残っている会社には**「普通ではない何か」**がある。

その「普通ではない何か」は、だいたい起業した創業者の個性によるものが多い。もちろん、その個性は企業が継続する中で守っていくべき大切なＤＮＡではあるが、それ自体が創業者に属人化されてしまうと、30年後の生存率は０・０２％といわれるように荒波を乗り越えていけない。

つまり、北の達人コーポレーションは、**次の10年のために「木下商店」を卒業しなければならない時期**にきていたのだ。

よって私は全社の主要メンバーを集め、これから10年先をにらんだ当社の**「ミッション」「ビジョン」「バリュー」**をつくるプロジェクトを行っていた。

自らが次世代を担うものとして、「我々は何を目指すべきか」「そのためにどうあるべきか」などを言語化していき、外部コンサルタントの力を借りつつ１年がかりでつくり上げた。そして決まったのがこれだ**［図表20］**。

「ミッション」「ビジョン」「バリュー」により、メンバーたちに「自分たちの会社」という当事者意識が生まれてきた。

図表 20　ミッション、ビジョン、バリューをつくるプロジェクト

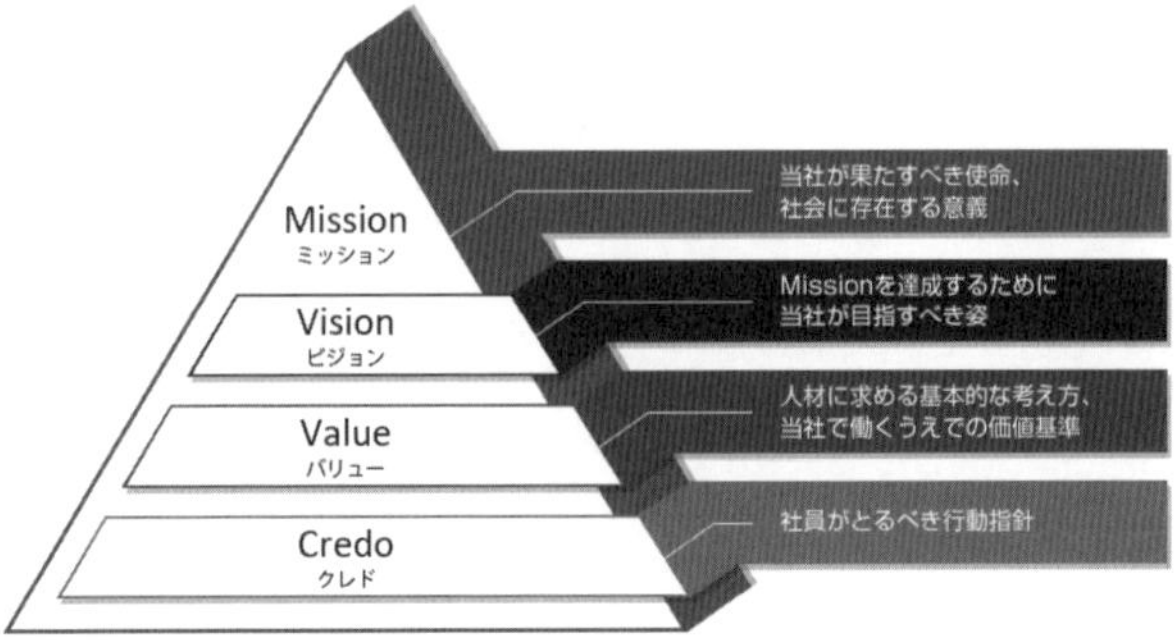

【Mission　ミッション】

びっくりするほどよい商品で、世界の QOL を 1 %上げる

当社は、世の中のお悩みを 1 つでも多く解消し、1 人でも多くの人に笑顔あふれる日々をお届けしたいと考えています。

そのために、心から「いいな」と思える、そして「最高の当たり前」として一生使い続けていただける、高品質な商品・サービスを提供し続けていきます。

【Vision　ビジョン】

日本を代表する次世代のグローバルメーカーになる

現代では、実店舗を持たずインターネットのみで流通する商品・サービスが増加しており、世界の至るところでインターネット発信のブランドが生まれています。

当社は、デジタル世代から生まれた、世界中の人々から必要とされるメーカーを目指します。

【Value　バリュー】

「おもしろい」をカタチにして「ありがとう」を生み出す達人集団

まだ実現されていない「おもしろい」というアイデアや新しい価値をカタチにすることで、新たな「感動」「喜び」を創造します。そのために、私たち一人ひとりがプロフェッショナルであり続けます。

また、創造性や独創性を大切にする人間成長企業として、お客様、株主、取引先、従業員などあらゆるステークホルダーとの共存共栄を目指します。

「商品を理解するレベル感」を言語化せよ

共通言語化

2022年5月から8月にかけて、新しい共通言語が一つ生まれた。

それが「**フィールド情報**」だ。

シュウヘイが育成に専念していく中で、シュウヘイの一つ下のヒコちゃん（前述した井出の同期の女性）が頭角を現してきた。

ヒコちゃんはお笑いタレント「ヒコロヒー」に似ているので、ヒコちゃんと呼ばれていた。ヒコちゃんは負けず嫌いで、手取り足取り指導してくれるシュウヘイへの信頼、同期ながら運用チームリーダーになった井出の活躍に触発され、長い髪を振り乱しながら仕事に取り組んでいた。

そしてあるとき、「私もチーフDになる！」と手を挙げてきたのである。

チーフDは重要な役職だ。「ファンダメンタルズスキル」「テクニカルチューニングスキル」「ビジネススキル」をすべて満たしている必要がある。

3つのスキルを満たしているかは、私、タツオ、シュウヘイと既存のチーフDが判断し、OKが出たら商品開発担当の副社長による「商品理解テスト」を受ける。

ヒコちゃんは基本的なスキル要件を満たしていたので、満を持して副社長面談に臨んだ。だが、「論外」のレベルで不合格になってしまった。

副社長いわく「自分の担当商品を全然わかっていない」ということだった。

しばらく時間を置き、商品の勉強をやり直して再チャレンジしたが、またも不合格。サカモッちゃんとススムも追試組だったが、2人は追試で受かった。

追試組は、「自分たちは商品のことをわかっていると思っていたが全然わかっていなかったことに気づいた」と言っていたが、ヒコちゃんは追試のときでも「わかっていないことがわからない」状態だった。

「私は商品のことをわかっているつもりだ。何がダメなんだろう」と頭を抱えてしまった。

これを見て、**「商品を理解するレベル感」を言語化する必要性を感じた。**

商品をどこまで理解していれば、本当に理解できたといえるのだろう。

はたしてそんな線引きが明確にできるのか？

私も言葉を尽くして説明したが、なかなか伝わらなかった。

「教科書を使って勉強する人」と「教科書自体をつくる人」の違い

思い悩むヒコちゃんに、商品開発部のベテランメンバーが救いの手を差し伸べた。

「今度、君の担当している商品のOEMメーカーと商談するんだけど、同席して商品の勉強をしてみるかい？」

二つ返事で「ぜひ！」と答えたヒコちゃんは、OEMメーカーの担当者に様々な質問をぶつけた。

すると、ヒコちゃんがまったく知らない情報が次々に出てきた。

「私はまったくこの商品のことをわかっていなかった。よくこんな状態でこの商品を担当していたな」と感じたという。

すると再追試では格段にレベルが上がり、無事合格。晴れてチーフDに昇格した。

このとき、気づいた。

「商品の理解差」の原因は「レベル感」の問題ではなく「情報源」の違いなのだ。

ヒコちゃんは、それまで「すでに社内にある整理された情報」しか知らなかった。だが今回、外部から新たな情報を得ることで開眼した。

学校の勉強でいえば、今までは歴史の教科書ばかり暗記していた。しかし本当に必要なのは、「歴史の教科書をつくるために自分で文献や歴史資料を読みあさる」ことだったのだ。

つまり、**「教科書を使って勉強する人」と「教科書自体をつくる人」の違い**だ。

チーフDには教科書自体をつくる知識が求められていたが、それがわかっていない段階では必死に教科書を丸暗記しようとしていたのである。

「新商品をつくるための情報」と「出来上がった商品情報」の格差は10倍 共通言語化

これを商品情報に置き換えてみると、「新商品をつくるための情報」と「出来上がった商品情報」の違いとなる。

新商品をつくるには、次のように最初にあらゆる情報を収集する。

・ユーザーは、どんなニーズを持っていて、どんなものは必要ないか？
・既存の商品にどれくらい満足していて、どれくらい不満を持っているか？
・その不満な点は一体何か？

・世の中にはどのような成分があって、どの成分にどんな特徴があるか？
・この商品をつくるには、どんな成分が最適で、その理由とは何か？
・また、合わない成分は何か？　その理由とは？
・この商品はなぜ競合には実現できないと断言できるのか？　その根拠とは？

こういった情報を一つずつ調べながら、新商品を開発する。

出来上がった商品情報は、

・○×の成分を使っている
・○△というニーズの人に向いている

といった計算式の「答え」の部分だけだ。

「新商品をつくるための情報」と、「出来上がった商品情報」の差は10倍くらいある。

出来上がった商品情報には採用された成分のみの情報があり、採用されていない成分の情報は一切ない。だから他の成分に比べ、この成分がどういいかという情報はないのだ。

「フィールド情報」と「オリエン情報」と名づけた理由　共通言語化

少なくともチーフDとして商品の販売責任を持つには、「新商品をつくるための情報」を持っている必要がある。

そこで私は、**「新商品をつくるための情報」**を**「フィールド情報」と名づけた。**まさに「フィールド（野原）」からかき集める情報という意味だ。

一方、**「出来上がった商品情報」は「オリエン情報」と名づけた。**

これは、新商品を発売する際、社内で商品部が発表する「オリエンテーション」の情報という意味だ（もしくはメーカーから広告代理店などに流す商品情報）。

「フィールド情報」の量が1000とすると、「オリエン情報」はその中から抜粋した100くらいの量となる。「フィールド情報」と「オリエン情報」の中身の違いはこんな感じだ**［図表21］**。

さて、情報量が違うと何がどう変わるのだろう。

図表21 「フィールド情報」と「オリエン情報」

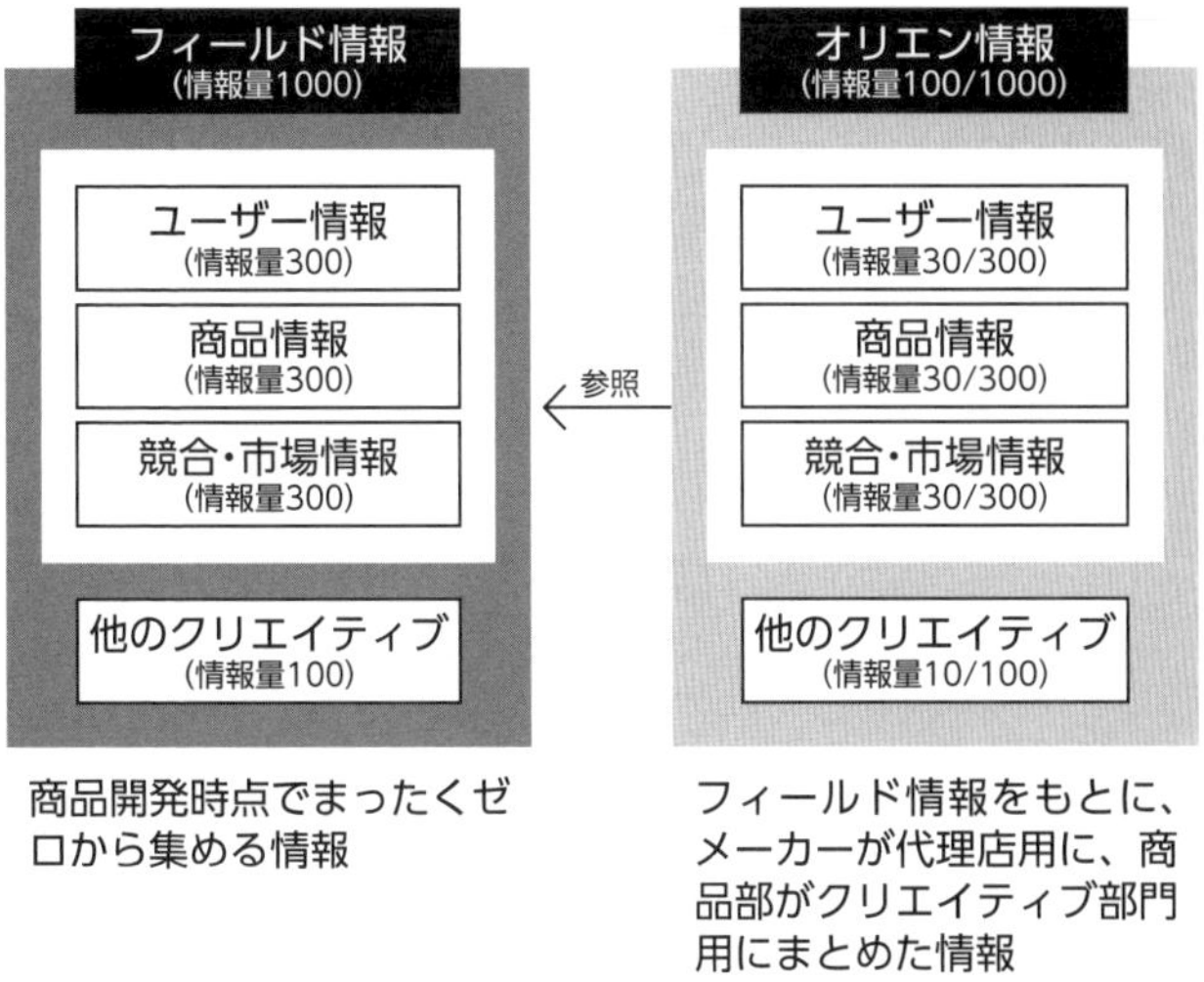

	フィールド情報	オリエン情報
ユーザー情報	・自分でユーザーインタビューする ・まとめられていないお客様の声の生データ	・第三者が行ったユーザーインタビュー時の動画 ・お客様の声を集計・分析したレポート
商品情報	商品の全成分情報、作用機序(薬物が作用を発現するメカニズム)全文を調べる	商品開発部が編集した主要成分情報など、作用機序の簡易解説
競合・市場情報	今、自分で調べたプロダクト競合、メソッド競合、インサイト競合	・商品開発部がピックアップした他社商品(プロダクト競合) ・商品開発時点でのプロダクト競合、メソッド競合、インサイト競合
他のクリエイティブ	異業種のクリエイティブなどを含め、あらゆるクリエイティブ	同業種のLPや、同広告メディアの他の広告等

クリエイティブレベルの5段階分析　共通言語化

これまで「クリエイティブ」とひとくくりにしていたものを、ここで「情報源」によって5段階に分けてみた〔図表22〕。

1　1次クリエイティブ（情報量10／100）

参照元：オリエン情報。

その商品の最初につくるクリエイティブ。

オリエン情報の100から凝縮し、10の情報量のクリエイティブをつくる。

オリエン情報をもとに、「**誰**（ターゲット）」を設定し、「**何**（この商品のメインの特徴）」を決めるコンセプトワークを行う。そのうえで、「**どう**」伝えるか、クリエイティブ表現を考える。

「誰」に「何」を「どう」Ver1伝えるか

図表22　クリエイティブレベルの5段階分析

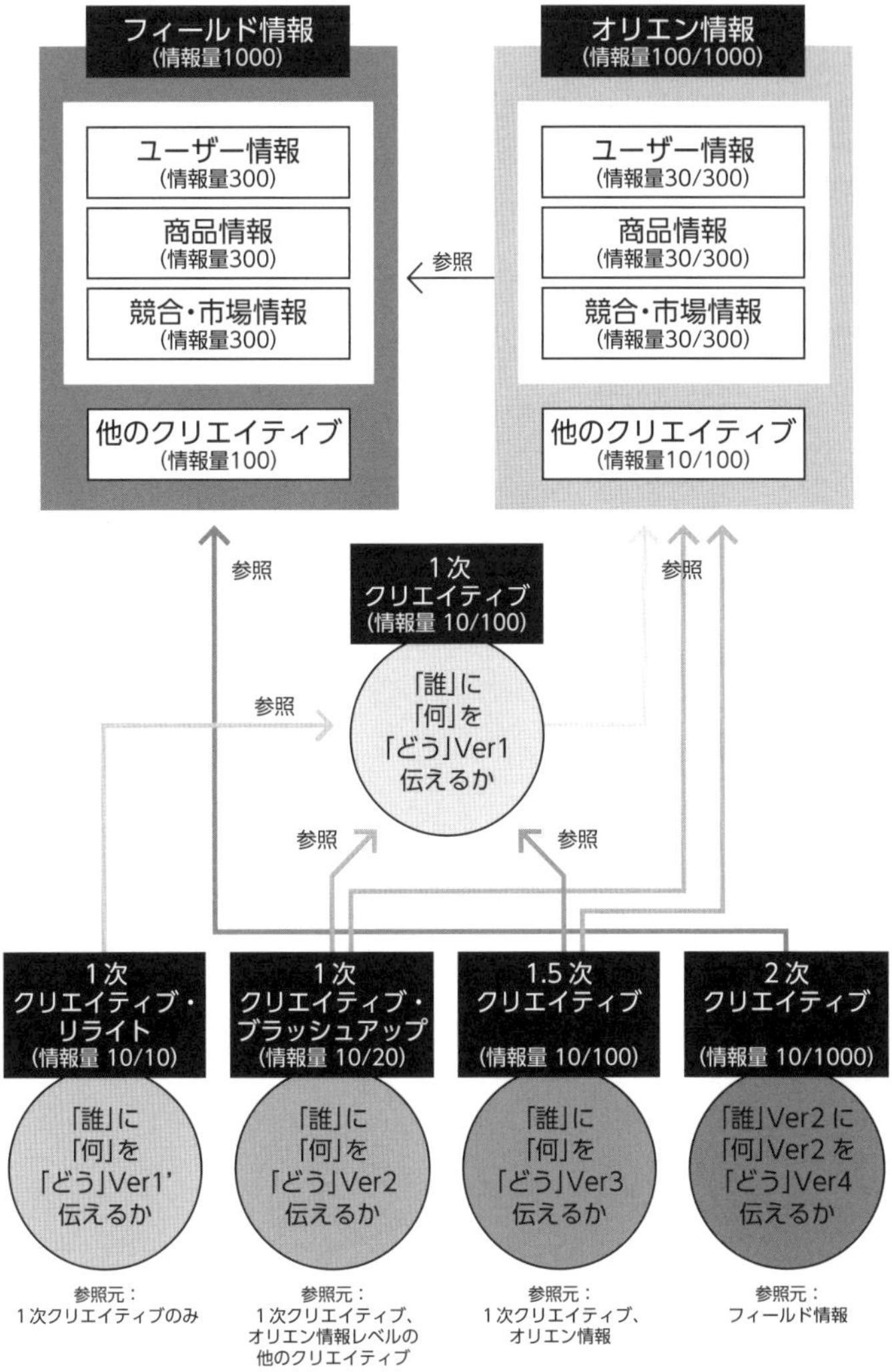

2　1次クリエイティブ・リライト（情報量10／10）

参照元：1次クリエイティブのみ。

「誰」「何」は1次クリエイティブとまったく同じ。「どう」も「画像」はほぼ同じか、フリー素材の活用程度で新規の撮影や画像作成はしない。

「LP内コンテンツ」などはほぼ同じ。順番を入れ替えたり、コピーや言い回しを書き換えたりする程度。10の情報から10の情報をつくり出すので、新しいものはほぼ何も生まれず、**このやり方ではすぐに限界がくる。**

「誰」に
「何」を
「どう」Ver1'
伝えるか

3　1次クリエイティブ・ブラッシュアップ（情報量10／20）

参照元：1次クリエイティブ、オリエン情報レベルの他のクリエイティブ。

「誰」「何」は1次クリエイティブとまったく同じ。

「どう」の部分をオリエン情報（レベル）の他のクリエイティブの「着眼法」でブラッシュアップさせる（画像は新規撮影・作成）。

基本的には、**1次クリエイティブと言っていることは同じで、言い方が違うだけ。**20の情報から10の情報をつくり出すので、ただのリライトより良質なものができる可能性が高い。

「誰」に
「何」を
「どう」Ver2
伝えるか

4　1・5次クリエイティブ（情報量10／100）

参照元：1次クリエイティブ、オリエン情報。
「誰」「何」は1次クリエイティブとほぼ同じ。

オリエン情報のユーザー、商品、競合・市場情報を見て、新画像、新コンテンツをつくり、新しい「どう」を生み出す。**100の情報から10の情報をつくり出すので、質が上がる。**

「誰」に
「何」を
「どう」Ver3
伝えるか

5　2次クリエイティブ（情報量10／1000）

参照元：フィールド情報。

「誰に」「何を」をゼロから考える。

- **ユーザーインタビューを実施し、ターゲット像を再設定→「誰」の変更**
- **成分や会社の歴史などをゼロから調べ直し、USP**（独自のセールスポイント）**を再設定→**

「何」の変更

・「誰」「何」が変われば、自動的に「どう」が変わる

1000の情報を集め、その中から厳選した10の情報をつくり出すので、かなり質の高いものができる。

「誰」Ver2に
「何」Ver2を
「どう」Ver4
伝えるか

逃していた70代を取り込めた秘策

以前はクリエイティブが疲弊してくると、ほぼ「1次クリエイティブ・リライト」や、よくて「1次クリエイティブ・ブラッシュアップ」しかしていなかった。

効率優先の中、これが最短でできるからだ。だが、大元が同じなのですぐに疲弊してきた。

10〜20程度の情報をもとに10の情報を生み出しても、ほとんど代わり映えしない。どんなにリーダークラスが頑張り、「1・5次クリエイティブ」までやっても、せいぜい延命処置にすぎなかった。

こうなるとメンバーは、「商品自体が寿命なのではないか」と思い始める。

この段階まで彼らは「フィールド情報」の存在を知らなかった。しかし、この程度で商品の寿命が尽きるようでは、世の中に「ロングセラー商品」など生まれない。

だが、**「フィールド情報」という1000の情報に当たると、クリエイティブの切り口は無限に広がってくる。**極端にいえば、1〜1・5次クリエイティブの10〜100倍の切り口が生まれるわけだ。

実際、チーフDとなったサカモッちゃんは、クリエイティブの新しい切り口に行き詰まると、徹底的なユーザーインタビューによってヒントを集めていた。

ユーザーインタビューをすると、商品の特徴だと思っていた部分と、実際にお客様が便益を感じている部分は違っていたことに気づいた。それをもとにクリエイティブのコンセプトをつくり替え、どんどん成果が上がっていった。ススムは、ある70代男性のブログを3年分読み込み、70代男性の「言葉遣い」や「価値観」などが手に取るようにわかるようになった。

これにより、当時のクリエイティブ表現では70代にうまく伝わっていないことがわかり、70代向けのクリエイティブにつくり替えた。

すると、今まで取り込めていなかった70代の購入者を取り込めるようになったのである。

同時に、商品成分をすべて見直し、ユーザーに成分に対する印象調査を行ったところ、我々がアピール力が高いと思っていた成分より、別の成分のほうが好感度が高いことがわかった。そこでアピールポイントを変えると、今まで反応がなかった人が購入してくれるようになった。

どれだけよい商品をつくっても、ポテンシャルを活かせなければ売上は限定的だ。**今までいかに機会ロスしていたのかを痛感した。**

ポテンシャルを最大限に活かせるチームのつくり方　風土

私自身、商品企画や開発から関わっており、商品力のポテンシャルは体感でわかるので、メンバーが「これはもう売れないので、商品寿命がきたのでは？」と言っても、「そんなはずはない。この商品はロングセラーになるポテンシャルを持っている」と言い続けてきた。おそらく「フィールド情報」の存在を知らない彼らには、私はただの頑固者に見えただろう。

だが、この「フィールド情報」という共通言語の発明により、ようやく彼らと概念が共有でき、商品のポテンシャルが最大限に活かされるチームができてきた。

このとき、**2次クリエイティブをつくれる人が「マーケッター」、それ以外は「クリエイター」**と定義した。

チーフDに昇格したヒコちゃんは、担当商品の「フィールド情報」から次々と2次クリエイティブを生み出し、当てまくっていた。

ヒコちゃんがチーフDを務めるチームメンバーの広告クリエイティブにより、多くの人が購入してくれた。

そして、運用チームリーダーとなった井出が属人的に対応していた横展開漏れを自動的にメーリングリストで告知し、実装されるまでアラートし続ける仕組みをつくってくれた。これにより劇的に横展開漏れが抑えられた。

タツオ、シュウヘイ、サカモッちゃん、楠田、ススムといったZ世代のリーダーやエースがつくり出した風土により、**また新たな若いリーダー、エースが生まれてきた。**やはり「風土」は非常に重要だ。

「そのスピードって、日本有数の会社をつくるレベルか？」

タツオが「1日1000人集客達成」を宣言した2022年9月。

残念ながら、1日集客人数は最高672人と目標には大きく届かなかった。

2022年9月の月間1日平均集客人数は574人。みんな成長してきてはいたが、1000人にはまだまだ遠い。このままでは1日1000人への到達は見えない。

タツオはもう一度詳細に戦略を練り直すことにした。

様々な状況を確認すると、戦略の立て直し、実行、達成には最短でも2か月かかる。だが、タツオは思い直した。

「そのスピードって、日本を代表する会社をつくるレベルか？」

先日、全社プロジェクトで掲げた「日本を代表する次世代のグローバルメーカーになる」というビジョンに照らし合わせて考え直した。

すでに宣言した期限はすぎている。これをのんびりやり、「いつか達成する」と言っていてはみんなの士気が下がる。

タツオは意を決し、**1か月で達成する戦略**をつくることにした。

まずは過去1000人以上の集客ができていたときと現状との違いを分析。

ここで、「穴」を見つけた。

デフォルトの「穴」とは？

「各商品×各広告メディア」の組合せでの集客人数を比較してみると、ある特定の広告メディアで、以前は1日300人も集客できていたのに今は70人しか集客できていないことがわかった。

中身を見ると、各メディアにはいろいろなサイズのバナー広告を掲載する場所があるが、ある特定サイズのバナーが以前はよく掲載されていたのに、今はほとんど掲載されていないことに気づいた。

タツオは、

「このサイズの広告クリエイティブが手つかずになっている！　このメディア向けにこのサイズの広告クリエイティブをつくってください」

と全体に指示した。

ヤフーやグーグルなどの大手広告メディアには様々な掲載面がある。

「ヤフーに広告を載せる」といっても、何百とある掲載面のうちの何十にしか掲載しない。どこに掲載するかというと、「入社時に掲載されていた掲載面」がデフォルトになっていたのだ。まさに**デフォルトの「穴」**だろう。

元々A〜Jの10か所に広告が掲載されていたが、IとJの掲載面は徐々に成果が出なくなってきた。そこでしばらくIとJをやめ、A〜Hの8か所へ掲載した。

図表 23　横展開用マニュアル

確認すべき点	詳細
【ステップ1】 元の当たり原稿の 当たり要素が踏襲されているか	・単に当たり要素が入っているかどうかではなく、実際に配信面で確認したときに同じような印象になっているかを必ず確認してください ・「広告メディアによって文字数が違う」「タイトル / 説明文の表示領域」「表示のされ方」など見え方はバラバラ。最終的に面で見たときに当たり要素が同じようにユーザーに伝わるかどうかを確認してください
【ステップ2】 実際にリーチしているユーザーのデモグラフィック（性別、年齢、居住地域、所得、職業、家族構成など人口統計学的な属性の総称）が一致しているか	配信設定は展開元広告メディアで成果が出ている部分とできる限り同じにする。ただ設定を同じようにしていても、全然別のデモグラフィックに配信されていて成果が出ていない可能性がある。 （例）広告メディアA：55〜64歳＋65歳以上で設定 両方の年齢層で成果が出ていて、特に65歳以上の成果がよい →ほぼ同じデモグラフィックにするために、 広告メディアB：55〜59歳＋60〜64歳＋65〜69歳で設定 →配信結果は不採算。広告メディアBの配信内訳を見ると、55〜59歳に配信が偏っていた これで広告メディアBはダメだと判断してはいけない。広告メディアBで65〜69歳に絞って再検証すべき
【ステップ3】 十分に検証が行えているか	検証は初動の数値だけで広告のよし・悪しを判断しているため、ある程度結果にブレが出る。一度トライした後に元原稿が伸び続けている場合は、再検証することも検討しよう

すると、その後入社した人は、ヤフーへの広告掲載はA〜Hの8か所だけと思い込み、IとJについては存在すら知られていない状態だった。過去データと比較分析したおかげで、以前はIとJで成果が出ていたのに、今はまったく使っていないことが発覚。「横展開漏れ」が明らかになったのだ。

つくづく**ビジネスは人によって成功し、人によって失敗し、人によって復活する**ものだと実感する。

また、発見した横展開漏れを防ぐ行動自体はできていても、まだまだポテンシャルが十分に引き出せていないケースもあった。

あるメディアで大当たりした広告を他のメディアで展開すると、まったく成果が出ない。それを何度チューニングしてもなかなか成果が出ない。よく確認してみると、横展開のやり方にスキル差があり、ヘタな人がやるとうまくいかないことがわかった。そこで横展開用マニュアルをつくり、徹底してマニュアルどおりに実施したのだ［図表23］。

「初回半額」という禁断の施策

一方、これより数か月前、サカモッちゃんがこんな提案をしてきた。

「申込のハードルを下げるために、定期購入申込者の初回価格を下げませんか？」

私は「NO」と即答した。あくまでも企業活動の目的は、売上や集客数ではなく利益だ。利益を最大化するために売上を上げるのであり、売上を上げるために集客している。集客のために利益を減らしては本末転倒だ。

だがその後、サカモッちゃん、タツオ、シュウヘイで話し合い、再度、初回値下げを提案してきた。

「このスキームでやれば、初回価格を半額にすることで、集客数も利益も増えます」

と計算式も持ってきた。

前述のとおり、「利益＝一人当たり利益（ＬＴＶ－ＣＰＯ）×集客人数」である。彼らは一人当たり利益率を維持したまま、集客人数も拡大できるというのだ。

仮に現在のＬＴＶが２万円だとする。

初回価格を半額にした場合、その値引き分の利益が減るだけではない。「価格が安い」という理由で購入した人は、その後の定期購入の継続率も低い傾向にある。

たとえば、初回４０００円が半額の２０００円になると、ＬＴＶは単純に２万円－２０００円＝１万８０００円とはならず、１万５０００円くらいに下がる。そこで彼らは、他の商品の各条件の売上実績から初回半額にした場合、どのくらいＬＴＶが下がるか、シミュレーションをつくってきた。

内容を検証したところ、比較的厳しめに見積もった妥当なＬＴＶだと思われた。

仮に、ＬＴＶが２万円だったものが１万５０００円に下がったとしよう。

図表24　「一人当たり利益」に注目

	定価	半額	変化率
LTV	20000	15000	75%
CPO	14000	10500	75%
一人当たり利益	**6000**	**4500**	**75%**
利益率	30%	30%	100%

その際の上限CPOは、当社の場合、LTVの「7割」と決めているので、元の場合の上限CPOは1万4000円（2万円×0・7）。初回価格を半額にした場合は1万500円（1万5000円×0・7）となる。

これを守っていれば、初回価格を半額にしても集客一人当たり利益率「3割」は維持できる。

では、CPOをそこまで下げた場合、集客人数はどこまで増やせるのか。

初回価格が下がっているので集客しやすくなる半面、一人当たりにかけていいCPOも低くなる。

計算上は**図表24**のようになる。

一人当たり利益は、6000円が4500円と75％に減っているため、「6000÷4500＝1・33」。

つまり**集客人数が1・33倍にならないと総利益額は減る。**

要は「初回半額」という施策に**CPOを75%に下げながら集客人数を133%に増やす**というインパクトがあるかどうかなのだ。

2つのリスクに賭けてみよう

これには2つのリスクがあった。

まず、**本当に初回価格を半額にすることによって、75%のCPOで集客人数が133%に伸びるかどうか**だ。

CPO自体は運用でコントロールできる。CPOが1万5000円を超えたらやめればいいが、集客人数はコントロールできない。

ふたを開けてみたら、集客人数が120%にしか伸びなかった場合、総利益額は減る。

もう一つは、ここで出しているLTVはあくまでもシミュレーションだ。実際にやってみてLTVを測ると、もっと少ないかもしれない。

CPOと集客がうまくいってもLTVが低いと、一人当たり利益額は下がり、総利益額も減る。これは正直、やってみないとわからない。

しかし75％のCPOで、集客人数が133％になるかどうかは、1か月間、テストすればわかる。また、LTVがどれくらいになるかは初回申込から1～2か月後のリピート率でだいたいわかる。では、テストしてみようと、期間限定キャンペーンを行った。

サカモッちゃんの担当商品を定期購入申込時に、「初回半額」としてボリュームの小さい広告メディア枠で実施してみた。

そして約2か月が経過した。

集客人数は約170％、LTVも想定シミュレーションとほぼ変わらないことが判明した。

「よし、全面展開しよう！」

サカモッちゃんの担当商品だけでなく他の主力商品にも、この「初回半額作戦」を展開した。すると、全商品の集客人数は**170％前後**になった。

ついに悲願の1日1000人達成

タツオが宣言した2022年9月から1か月遅れの10月15日。

ついに**1日集客人数が1017人となり、悲願の目標を達成**した。

「まずは1日1000人を目標にしよう」と掲げたものの、当時の実力では到底イメージが湧かず、「直近6か月間の月間平均集客人数×1・2倍」という目標に変えざるをえなかった2021年6月から1年4か月。片時も1000人という目標を忘れず、目標達成から逆算して動いたメンバーたちの力によりついに目標達成した。

1000人達成の翌朝、全社朝会で報告され、主要メンバー数人が喜びのコメントをした。

シュウヘイは、途中から涙で何を言っているかわからなかった。

この月のサカモッちゃんのMVPシートには、こんなことが書いてあった。

「**僕たちが新しい北の達人の黄金時代をつくる**」

これが北の達人コーポレーションが「木下商店」から卒業していくための号砲だった。

第2部　ダブルギネスへの挑戦——異次元の成長期

PHASE 5 偉業への挑戦

第1部では、最悪期から復活までの道のりを示した。PHASE1~PHASE4を通じ、各チームメンバーがスキルアップし、リーダーやエースが生まれてきた。

第2部では、チームメンバーが**「過去最高記録の2倍」という目標に3か月で挑んだ「チームX」のプロセス**を見ていこう。

新たな目標「ビヨンドギネス1714」 KPI

1000人の集客目標を達成した翌日2022年10月16日。

目標は達成してしまうとなくなってしまうものだ。早めに新たな目標を立てないと、せっかくの勢いが止まってしまう。

そうならないためにも、次なる目標設定が必要だった。

そこで新たな目標を発表することにした。

1000人達成したとはいえ、これは過去にも達成している。ようやくそのレベルに戻ってきただけなのだ。過去最高は2019年1月13日の1713人だった。

そこで、**「ビヨンドギネス1714」**と題し、2023年2月28日までに過去最高を超えようと新たな目標を発表した。ギネスとは、ギネス記録をもじった過去最高記録を表す。ちなみに2月28日は当社の決算締日だった。

発表した途端、多くのメンバーから「えええ〜！」という声が上がった。

1000人達成したばかりなのに、その2倍近い数字をあと4か月強で達成しろというのか。動揺するメンバーが多いかと思いきや、メンバーの顔色を見ると、みんな笑っていた。**「できるかもしれない」「面白そう」**という雰囲気が感じられた（私が勝手に感じただけかもしれないが）。

そこで「ビヨンドギネス1714」を正式目標として設定した。

「できることがわかっているものって、〝目標〟って言わないよね」 KPI

この頃から「直接販売課ミーティング」と称し、私、タツオ、シュウヘイ、サカモッちゃんの4人で週1回の戦略ミーティングを行っていた。

そこで、1000人達成の日から約1週間後の10月21日、直接販売課ミーティングでタツオが「ビヨンドギネス1714」戦略を達成するための計画表を持ってきた【図表25】。現状の延長線上で、いつまでに、何をやり、どんな数値を出していくかの戦略と戦術をまとめたものだ。

4人全員が「これは確実に達成できるな」という感想だった。

タツオ、シュウヘイ、サカモッちゃんはこの数か月、圧倒的な実務をこなしていたので、この計画をどういったスピード感でやれば目標達成できるか、肌感覚でわかっていた。

タツオの立てた計画を見る限り、現状の延長線上で頑張っていけば、2月28日までに1714人の集客を達成できると思えた。

「いや〜、これいけるね〜」「いけますね〜」とひとしきりメンバーが盛り上がった後、私はこう伝えた。

「できることがわかっているものって、〝目標〟って言わないよね」

「目標」とは成長のためのツールだ。

現状の延長線上で頑張っている限り成長はない。背伸びしたり、ジャンプしたりして、ようやく手に届くところに目標を置かなければ成長ツールとして機能しない。

今の彼らの実力なら、「ビヨンドギネス1714」では目標たりえないということがわかった。

「できるとわかっていることをやっていて、日本を代表する次世代のグローバルメーカーをつくれるんだっけ？ 1000人という目標を掲げたときもいけそうになかったよね。でも実際、みんなはいけたよね。だから、**いけそうにない目標を設定しようよ**」

「マジですか……」

と言いながら3人の目は笑っていた。

詳細

①既存の打ち手の徹底：＋200件(約1200件)
②未攻略広告メディアの攻略：+400件(約1600件)
2-A：+200件(Facebook+50件、Instagram+60件、Pangle+40件、Gunosy+20件、Pinterest+30 件)
2-B：+250件(Yahoo+100件、YouTube+50件、LINE+100件)
2-C：+???
③未配信広告メディアの新規配信・復活配信：+100件(約1700件)
不確定要素多いため低く見積もり
④表現方法の多様化による反応ユーザーの拡大：+100件(約1800件)
特に商材○×での件数増加が見込まれる
補足)ターゲットは「誰に」で決めるものの、「どう(どのように)」の方向性やテイストによって購入するかどうかは異なる。つまり各クリエイティブで実質的に獲得できるユーザーは「誰に×何を×どう」の 3 要素に絞られる。そのうえで④では、「どう」だけを変更し、当たりコンセプト内で獲得できるユーザーのシェアを高めていく
⑤注力商材自体の拡大：+200件(約2000件)
タイミングはディレクターの増加ペース / 新規商材の立ち上がりペースに依存(目安：SI→11月頃、AI→1 月中)
年内4名のディレクター昇格＋4 商材で注力商材を増やす
・アシスタントディレクターの戦力化で昇格によるキャパシティオーバーの補填
・新商材は担当直後から伸びるわけではないため、最低限BLP作成等は12月から○△さんと連携して開拓準備を進め、2月にピークを持ってくる。○△さんのキャパを空けるため、状態を見ながら△×さんに過去商材の管理移行を検討

郵便はがき

料金受取人払郵便

渋谷局承認

6974

差出有効期間
2024年12月
31日まで
※切手を貼らずに
お出しください

150-8790

130

〈受取人〉
東京都渋谷区
神宮前 6-12-17
株式会社ダイヤモンド社
「愛読者クラブ」行

本書をご購入くださり、誠にありがとうございます。
今後の企画の参考とさせていただきますので、表裏面の項目について選択・ご記入いただければ幸いです。

ご感想等はウェブでも受付中です(抽選で書籍プレゼントあり)▶

年齢	( )歳	性別	男性 / 女性 / その他
お住まいの地域	( )都道府県 ( )市区町村		
職業	会社員 経営者 公務員 教員・研究者 学生 主婦 自営業 無職 その他( )		
業種	製造 インフラ関連 金融・保険 不動産・ゼネコン 商社・卸売 小売・外食・サービス 運輸 情報通信 マスコミ 教育 医療・福祉 公務 その他( )		

①本書をお買い上げいただいた理由は?

（新聞や雑誌で知って・タイトルにひかれて・著者や内容に興味がある　など）

②本書についての感想、ご意見などをお聞かせください

（よかったところ、悪かったところ・タイトル・著者・カバーデザイン・価格　など）

③本書のなかで一番よかったところ、心に残ったひと言など

④最近読んで、よかった本・雑誌・記事・HPなどを教えてください

⑤「こんな本があったら絶対に買う」というものがありましたら（解決したい悩みや、解消したい問題など）

⑥あなたのご意見・ご感想を、広告などの書籍のPRに使用してもよろしいですか?

1　可　　　　2　不可

※ご協力ありがとうございました。

図表 25 「ビヨンドギネス 1714」戦略

「ビヨンドギネス1714」戦略
2023年2月28日までに必達

①既存の打ち手の徹底

・横展開 / 縦展開 / 「エモーションリレー」整理 / 着眼法での新規作成等

・クリエイティブの悩みへの認識・年齢ごとの細分化

・初回縛りなし /SMS施策などの検証施策

②未攻略広告メディアの攻略　**◀この成功がボトルネック**

2-A：既存小規模広告メディアの攻略

Facebook/Instagram/Pangle/Gunosy/Pinterest等

2-B：大規模広告メディアの攻略

Yahoo/YouTube/LINE等

2-C：広告メディア単位の攻略

○×のような対象広告メディアには何がある？　探しつつ実行

③未配信広告メディアの新規配信・復活配信

ScaleOut/UZOU/LOGLY/i-mobile/News Suite/Ameba/nendを復活

④表現方法の多様化による反応ユーザーの拡大

人物素材の種類やLPデザインのテイストによって同じ「誰に×何を」でも反応する層は異なるため、表現を多様化させて反応ユーザーシェアを高める

⑤注力商材自体の拡大

ディレクターの増加→過去発売商材への再注力 / 新規商材の発売に連動して順次拡大

補足：戦略間の優先度

①②が最優先。①のほうが緊急性が高く、②のほうは重要性が高い。①に安定的に注力しつつも、②の実現なしには達成不可能

※ iCVR×Imp＝CV数(157ページ参照)

「異次元のダブルギネス計画」誕生の瞬間　KPI　共通言語化

「1日集客1714人はこのプランでいけそうだ。じゃあ、2月末までに2000人は?」

「たぶんいけると思います」

即答だった。

「2500人は?」

「う〜ん」「いけると思う」「頑張ればいけると思う」

2対1でいけるということだった。

「じゃあ3000人は?」

「これは難しいです」「う〜ん」「まったく無理ではないかもしれない」

まだいけそうな可能性がある。

「ギネスの1713人の2倍の3426人はどう?　イメージ湧く?」

3人ともに「**全然イメージ湧かないです**」と言う。

「OK!　じゃあ、目標は北の達人の過去最高記録を2倍に塗り替える、3426人にしようか。イメージが湧いていているうちは目標じゃないしね」

3人とも天井を見上げ、「おおぅ〜」と言った。

「次の目標は『ダブルギネス』だ！　これこそ、日本を代表する次世代のグローバルメーカーをつくる我々にとってふさわしい目標だ！　期限は4か月！」

「原因解消思考」VS「最終目的逆算思考」

そのまま会議は続いた。

「じゃあ、この目標を達成する作戦を『最終目的逆算思考』で考えてみよう」

最終目的逆算思考とは、私の造語で問題を解決する際の思考法だ（詳しくは拙著『時間最短化、成果最大化の法則』参照）。

多くの人は問題を解決する際、「原因」を特定し、それを「解消」する「原因解消思考」でやろうとする。

これは過去に正解があって現在は正解がないときに、そのギャップを特定し、ギャップを埋めるときは有効だ。

だが過去に正解がなく、まったく新しい問題に取り組む際には機能しない。目の前の道を歩いていっても、なかなかゴールにはたどり着かないのだ。

こういうときは、**ゴールから「逆算」し、どの道を進むべきかを考える「最終目的逆算思考」**が必要である。

この思考法を次の3つのステップで考えてみよう。

1　「結局、何がどうなりさえすればいいか」と最終目的を特定する
2　最終目的を達成する方法を複数探す
3　実現させるために最も簡単な方法を選ぶ

【第1ステップ】ハードワークに頼らず、頭を使う　KPI

まず、第1ステップ「結局、何がどうなりさえすればいいか」と最終目的を特定する。

3426人の目標を達成するには「何がどうなりさえすればいい」のか。

1000人の集客目標を達成したとはいえ、それが毎日続いているわけではなく、この時期の1日平均集客人数は850人くらいだった。

ここで2つの考え方がある。

「あと2576人（3426−850）」という考え方と、「約4倍（3426÷850）にする」という考え方だ。

前者は、単純に業務量や業務範囲を「**継ぎ足していく**」やり方だ。

後者は、業務プロセスのどこかを「**効率4倍**」にすることで全体の数字を上げるやり方だ。

前者だと4か月では人員の増加、育成は追いつかない。既存メンバーだけでは異常なハードワークを伴う。だが、後者なら業務量ではなく「**知恵**」の問題だ。頭をひねればできる。

つまり3426人の目標を達成するには、**結局、業務プロセスのどこかが効率4倍になりさえすればいいのだ**（もしくは業務プロセスの2か所が2倍ずつになればいい）。

「ダブルギネスって、結局、今の数字を4倍にするってことだよね。振り返ると、君たちはこの7か月で約4倍にしているよね。いけるんじゃない？」

要素を分解していくうちに、「いけそうな気にする」のも「最終目的逆算思考」の大事な部分だ。

【第2ステップ】4倍とは「2倍×2倍」 KPI

次に、第2ステップ「最終目的を達成する方法を複数探す」プロセスだ。
業務プロセス効率を4倍にするには、どんな方法があるのか。
ECビジネスの観点でいえばシンプルだ。

A案：広告が今の4倍表示される
B案：広告をクリックした人のCVR（購入率）が4倍になる

このいずれかになれば、**業務量は変わらないまま、4倍の成果**が出る。
A案の「広告が今の4倍表示される」には2種類ある。

A1案：出稿する広告メディアを4倍にする

現在出稿しているヤフーやグーグル、ツイッターやフェイスブック以外の広告メディアにも出稿する。

しかし、各広告メディアの表示回数は、ある程度各メディアのユーザー数に比例する。ヤフーやグーグル、ツイッターやフェイスブックと同規模のユーザー数を持つメディアは少なく、出稿メディア数を4倍にしても、表示回数が4倍になるまでにはいかないと考えられる。そのため、この案はボツとする。

A2案：既存の広告メディアで表示される量を4倍にする

各広告メディアは多くの広告主が出稿依頼しているため、最も入札額が高い広告主の広告が優先表示されるオークション形式になっている。

単純に入札額を上げて表示される回数を4倍にしようとすると、入札額が高くなりすぎ、CPOが高騰。採算が合わなくなる。よって単純に入札額を上げて表示回数を増やすという案もボツとなる。

今度はB案「広告をクリックした人のCVR（購入率）が4倍になる」を検討してみよう。CVRが4倍になれば、利益的にまったく問題ない。広告コストが変わらないまま成果が4倍になるので、利益率も激増する。

だが、ここでCVRを4倍にする必要がないことに気づいた。

たとえば、1クリック100円で入札していてCVRが1％だと、CPOは1万円になる（CVRが1％ということは100クリックに対して1件の注文。1クリック100円なので、広告コストの100クリック×100円＝1万円に対して1件の注文ということになる）。

しかし、CVRが2倍の2％になると、CPOは半分の5000円になる。

すると、1クリックを200円で入札しても、CPO1万円を維持できるのでCVRが上がれば、入札額を上げて表示回数を増やすことができる。

また、広告メディアの表示ロジックは、単純に入札額の多寡だけではなく、ユーザー評価の高い広告を優先表示させるアルゴリズムも併せ持っている。「ユーザー評価の高い広告」には様々な指標があるが、そのうちの一つに「広告をクリックした後、実際の購入率が高い広告はユーザーにとって有益な広告である」という考え方があり、CVRが高い広告は優先的に表示回数が増える。

よって、B案（CVRを上げる）を実施すると、自動的にA2案（既存広告メディアでの広告表示量を増やす）にも影響する。

「CVRを2倍にして入札額を2倍にすると、表示回数って2倍くらいにできる？」

「はい。うちの運用チームなら可能だと思います」

「じゃあ、**4倍の成果を出すには4倍頑張るんじゃなくて、CVRを2倍にするだけで成果4倍は可能**ということだよね」

「確かにそうですね！」

ここでさらに難易度が下がった。

【第3ステップ】2倍とは「1・4倍×1・4倍」 KPI

第3ステップ「実現させるために最も簡単な方法を選ぶ」プロセスでは、4倍働くわけでもなく、4倍表示させるわけでもなく、CVRを2倍にする（連動して表示回数が2倍になり、結果4倍になる）方法を選択することにした。

「もう少し深掘りしてみよう。ユーザーが購入する導線は、広告→ＢＬＰ→ＨＬＰだよね。ＣＶＲを2倍にするには、ＢＬＰ→ＨＬＰの遷移率を１・４倍、ＨＬＰのＣＶＲを１・４倍にすると、１・４×１・４＝１・96倍になるよね」

「そうですね。確かに！」

つまり、**遷移率1・4倍×HLPのCVR1・4倍×表示回数2倍＝3・92**（約4倍）となる。

やるべきことは、３つだけだ。

一つ、「遷移率を１・４倍にする」。

一つ、「ＨＬＰのＣＶＲを１・４倍にする」。

一つ、「表示回数を2倍にする」。

これさえできれば、自動的に現在の4倍になり、過去最高の2倍である「ダブルギネス」は達成できることになる。

偉業を成し遂げる人がやっているシンプルなこと

偉業を成し遂げるには、最初に**「理論上達成可能な作戦を用意する」**のがスタートラインだ。この作戦ができていないまま動いても偉業が成し遂げられることはない。

ただ、作戦はあくまでも理論上のものなので、実行していくと想定外のことが起きてくる。それをつぶし続けていくことで偉業は実現されるのだ。やみくもに頑張っていても、偉業が実現することはない。

たとえば、多くのスタートアップ企業が資金調達に多大な時間を使っていたとき、私は一切それに時間を使わず、無借金のまま年商100億円の上場企業をつくった。

これは頑張っていたらそうなったのではなく、最初から「理論上達成可能な作戦」を準備していたからだ。

具体的には、**「稼いだ以上に使わない」**というシンプルな作戦だ。

これさえあれば、絶対に赤字にならないし、借金を抱えることもない。この作戦を続けていれば、絶対に失敗しないのだ。

しかし、理論上達成可能な作戦を実行していくには様々な困難にぶち当たる。

「無借金で100億円までいった」と言うと、「どうやって実現したのですか？」と聞かれるが、『『稼いだ以上に使わない』ルールで経営した」と言うと鼻で笑われ、「理論上はそうですが実際には無理ですよね。本当はどうやったのですか？」と聞かれる。それでもなお、「**いや、本当にそれをやりきったのだ**」と答える。

すると、ほとんどの人はそこで沈黙したり、話題を変えたりする。

あらゆる事業は、「理論上達成可能な作戦を立て」ながら、「その実現を阻むものを乗り越える」ことで必ず成功する。

こう考えると正しい質問は、「**実現を阻むものを、どうやってつぶしていったのですか？**」と聞かなければならないのだ。

無借金で年商100億円が実現できた理由

「理論上達成可能な作戦」をいかに現実に落とし込んでいったか。私が起業した年の初月は、粗利が5000円くらいだった。シンプルなルールに従っていたので翌月は5000円以上使えなかった。

起業当初は簡単なホームページ（HP）しかなかった。正直、きちんとしたものをつくりたかったし、注文がきたときの受注・発送処理を行うソフトも必要だった。だが月5000円しか使えないと外注できないので、HP制作も受注処理ソフトも書籍で勉強して自分でつくり上げた。

当時はパソコンを使い始めて1年足らずのスキルしかなかったので大変だったが、こんな程度でルールは破れない。

また、商品を仕入れるお金もなかったので、商品が売れてお客様に代金をもらってから仕入元に払う契約にしてもらった。

「稼いだ以上に使わない」というルールでやっていると、自然に手元資金でできるやり方を工夫するようになる。

ネットで販売しているとデータ計測が必須だが、当時はデータ計測ツールは月額何十万円もするサービスが主流だった。

もちろんそんなお金はないのでネット上でいろいろ探すと、フリーランスプログラマーが同様のデータを計測できるプログラムを1万5000円程度で販売しているのが見つかり、それを導入した。

いろいろ探せば、無料ソフトや通常の100分の1くらいの価格のものがたくさんある。

そういったものを探していれば、事業をやるのに大したお金はかからないと思った。

当社は創業以来、お金に困ったことがない。

それは「お金がある」からではなく、**「お金をかけずにやる」習慣**が身についているからだ。

自力ですべてやると時間がかかる。「時間をお金で買う」という考え方もあるが、それは資金力がある人がやることで、お金を借りてまでやるべきではない。

私はすべて自分でやったことにより、多大な経験という資産を得た。

当社では、独自のマーケティングシステムを自力で構築できるようになったし、独自の管理会計を生み出し、高収益企業になった。

この他にも、「稼いだ以上に使わないルール」を破りたくなる出来事が多々起きたが、その都度工夫してなんとか乗り越えた。

結果、**無借金経営のまま100億円企業**をつくることができた。

私は、**「それは現実的ではない」という言葉が一番嫌い**だ。

「理論上達成可能な作戦」をいかに現実に落とし込んでいくかが仕事なのだ。

そして、この話をタツオ、シュウヘイ、サカモッちゃんに伝えた。

「理論上達成可能な作戦『遷移率1・4倍×HLPのCVR1・4倍×表示回数2倍』はできた。けれど、これからこの作戦の実現が難しくなるいろんな出来事が起きてくる。これを『理論上はOKだけど現実は無理だよね』で終わらせるか、その困難を乗り越えて何がなんでも実現させるか。**偉業とは、この困難をすべて乗り越えた者にしか成し遂げられない。**絶対にやりきろう！」

ダブルギネス達成へ最初にやったこと　KPI　風土

タツオ、シュウヘイ、サカモッちゃんの3人は、ここから様々な作戦内容の微調整をすませ、正式にダブルギネスの計画書をつくった。

そして、ダブルギネス構想の発足から約1か月後の2022年11月16日、タツオから直接販売課のメンバーに「ダブルギネス目標」が公表された［図表26］。

直接販売課および関連部署約70名のメンバーはその数字の大きさに、「えええ〜！」と驚

図表 26　ついに発表されたダブルギネス目標

図表27　全社員からアイデアを募集

遷移率/HLPCVR
1.4倍コンテスト
一撃ダブルギネス達成アイデア求む。

いた。

しかし、「遷移率、HLPのCVRをそれぞれ1・4倍にするだけで理論上達成する」という説明を図解で聞くと、まんざらでもない顔をし始めた（これも私にそう見えただけかもしれないが）。

こうしてダブルギネス目標へのチャレンジの幕が切って落とされた。

最初にやったのは、「社内コンテスト」と「見える化」だった。

ダブルギネス目標を全社に周知し、全社員を対象に「1・4倍施策社内コンテスト」を開催した。「BLP→HLPの遷移率」でも「HLP→HLPのCVR」でもどちらでもいい。1・4倍になるアイデアを全社員から募集したのである［図表27］。

１・４倍とは、今までページに訪れた１００人のうち10人購入していたのが14人になるための施策である。

根本的な部分の修正というよりちょっとしたボタンの言い回しの改善で達成できる数値だ。

たった一つで１・４倍にならなくても、１・２倍の施策を２つ打てば、１・２×１・２＝１・44倍になる。

１・２〜１・４倍になるアイデアは消費者目線で考えれば誰でも思いつく。これを全社で大々的にやることで、直接販売課のメンバーに対する期待値が高まる。どうせ目標達成するなら、他部署の協力も得ながらみんなで力を合わせて達成したほうがやりがいがある（その分、プレッシャーも強いが）。

２つの数字の「見える化」　KPI

そしてもう一つの打ち手が「**見える化**」である。

仕事をしながら目標に近づいているのか、まったく近づいていないのか、明確にわかる必要がある。よって**2つの数字を「見える化」**した。

一つは**「残り営業日数」**だ。

この目標を全社発表したのは2022年11月15日。目標達成期限の2023年2月28日まであと「3か月半」である。

3か月半というと少し先のように感じるが、正月休みも考えると営業日数で「65日間」。たった65日しかないと考えると、一日も無駄にできない。そんな緊張感が生まれると、一日一日を大切に動こうとする。今までどおりのことをやりながら、「いつか達成するだろう」とのんびり構えているのとは雲泥の差だ。

次に、**「結果数値」を「見える化」**した。

今回の目標は、現在の1日平均集客人数850を、遷移率140%、CVR140%、広告表示回数200%にすることだ。

よって日々の数値がそれぞれの項目で「140%」「140%」「200%」になっているか、一目でわかる表にした。

図表28　結果数値の「見える化」

		重点チェック指標			確認指標		
		遷移率	HLPのCVR	表示回数	トータルCVR	集客人数実績	トータル倍率
	基準数値	4.22%	11.68%	145210167	0.49%	850	
	残り営業日数	基準数値の何倍？	基準数値の何倍？	基準数値の何倍？	基準数値の何倍？	実績	基準数値の何倍？
2022/11/15	68日	89%	95%	107%	85%	771	91%
2022/11/16	67日	89%	104%	116%	93%	914	108%
2022/11/17	66日	91%	97%	106%	89%	796	94%
2022/11/18	65日	87%	100%	125%	87%	924	109%
2022/11/19	64日	93%	111%	105%	104%	925	109%
2022/11/20	64日	99%	107%	99%	106%	893	105%
2022/11/21	64日	87%	101%	98%	89%	740	87%
2022/11/22	63日	92%	122%	101%	112%	967	114%
2022/11/23	62日	110%	99%	94%	109%	867	102%
2022/11/24	61日	112%	94%	113%	105%	1013	119%
2022/11/25	60日	120%	116%	86%	139%	1016	120%
2022/11/26	59日	122%	106%	102%	130%	1125	132%
2022/11/27	59日	133%	122%	102%	162%	1407	166%
2022/11/28	59日						
2022/11/29	58日						
2022/11/30	57日						
2022/12/1	56日						
2022/12/2	55日						
2022/12/3	54日						
2022/12/4	54日						
2022/12/5	54日						
2022/12/6	53日						
2022/12/7	52日						
2022/12/8	51日						

　この表で毎朝、前日の成果分を更新し、現状が１４０％、２００％に近づいているか全員が把握できるようにした［図表28］。

PHASE 6 変更に次ぐ変更

たった1か月で戦術を変えた理由 KPI

最初に立てた戦術は、「1・4倍施策社内コンテスト」で集まった、100件以上の施策の中で有望なものを片っ端から実行し、うまくいった施策を全商品に展開するものだった。だが実際やってみると、特定のLPで成果が出ても、他のLPや他の商品に展開すると成果が出ないことが続出した。

それぞれのLPは違う内容なので、まったく同じ改良では成果は出ない。「エモーションリレー」をわかっていれば当然のことだった。

このとき、施策案を実行する際、既存のものと施策案を同じ条件で複数同時に検証できていなかった。一つずつやっていたが、このペースでやっていくと、2月末の期限に到底間に合わない。

スタートして約20営業日、早くも「このままでは間に合わない」ことがわかった。これも「あと何営業日」とカウントダウン方式でやっているからこそ、早い段階でわかったことだ。

そこで早くも戦術を変えることにした。

最初は35商品全部のLPに展開しようとしたが、主要3商品に集中した。この3商品で新規集客の95％。5％分は潔く後回しにした。

3商品には複数のBLPとHLPがあったが、特に成果が上がる各1〜3種類のLPに絞り込み、それに集中して施策を打った。

全体のBLPとHLPが1・4倍になる必要があるので、3商品の1〜3種類のLPだけだと、1・5〜1・6倍にしなければいけない。だが、こちらのほうが効率的だった。

私自身はそれまで「拡大するには手を広げるべきだ」と考えていたが、**期限と目標が明確な中で拡大するには、手を広げるより、最も効率のよいものに絞り込んだほうがいい**ことに気づいた。

チーフDの負荷が重すぎる問題

教育の仕組み

期限と目標が明確になると、「課題」も明確になる。

だが、日々ダブルギネス達成に向け全力集中する中、現場から別の問題が上がってきた。

新人の教育に、チーフDの手が取られる問題だ。

2022年後半から業績が右肩上がりになってきたので、当時は採用を強化していた。

シュウヘイが新人教育の体制を整えながら現場の各チームに配属していたが、それでも即戦力にはなっていなかった。

チーフDはダブルギネス達成の陣頭指揮を執り、目の前の数字に100％集中したかったが、そこに新人が配属され、身動きが取れない状態になった。

チーフDに「どんな状態なら足手まといで、どんな状態なら即戦力？」と聞くと、

「現状は広告クリエイティブをつくる→私にチェックを依頼→私が修正指示→つくり替えたもののチェック依頼という流れなので、すごく手間を取られます。私としては、自ら広告を出稿し、修正して出し直せる〝自走状態〟になってから配属してほしいです」

と言う。

それまでの社内教育は、シュウヘイがクリエイティブの考えやつくり方を新人に教え、実際に上がってきたクリエイティブに対し、シュウヘイや私が「よい・悪い」を判断。ある一定レベルになったら、実戦現場に配属していた。

つまり実戦未経験のまま配属していたので、チームの責任者であるチーフDの負荷が重くなっていたのだ。

また、実戦現場に配属するかどうかは私やシュウヘイの判断に基づくもので、実戦の数値に基づくものではない。我々が「この人のつくるものはいい」と実戦に出してみても、なかなか成果が出なかったり、その逆だったりする。

次第に新人は、上司や先輩がいいと言うものをつくる思考になってしまい、配属初期はKPIに対する意識が非常に低かった。

そこで、**数値化された「現場配属の条件」を設定**することになった。

チーフDが出した「現場配属」の3条件 KPI

ここで再度チーフDに、「具体的にどのような成果が出せるレベルだったら、戦力として迎え入れられるか」を聞いた。すると、次の3つの条件が出てきた。

【条件1】上限CPO以内で10人以上の集客ができる新規広告クリエイティブを、1か月に3本以上つくれること

一つ目は、広告クリエイティブ作成の「質」と「量」と「スピード」の基準を数値化したものである。最低限、これくらいの質と量とスピードでできるスキルがないと、現場では戦力にならない。

【条件2】一つの広告クリエイティブで、2つ以上の広告メディアの横展開で条件1の成果がクリアできること

2つ目は、特徴が強すぎる広告メディアで条件1の成果を出したものを、他の広告メディアにそのまま横展開しても成果が出ない場合が多い。よって、2つ以上の広告メディアで、同じ成果を出せる最低限の汎用性を持った広告クリエイティブをつくれることを条件にした。

【条件3】条件1と2を満たすものが、総制作広告クリエイティブ本数の8％以上であること

条件1と2だけでは、片っ端から広告を大量につくって出稿していれば、いつかは当たって条件を満たす可能性がある。

しかし、外したものは上限CPOを超えており、赤字を生み出しているので、失敗は最小限に抑えなければならない。よって92％は失敗OKだが、8％以上の成功確率を保持できる範囲で出稿していく条件を加えた（8％は経験値から算出）。

新人の態度が変わったルール変更とは？ KPI 風土

そして、この3条件を公表するとともに、すでに現場に配属されてはいるが戦力になっていないメンバーをいったん研修期間チームに戻し、現在研修期間中の新人とともに教育し直すことにした。

それまでは研修が終わって少し経つと現場に配属されていたが、これ以降は「自力で成果を出せるようにならないと現場に配属されない」ルールになった。

これで**新人の態度が一気に変わった。**

以前の新人教育は座学中心だったが、それだと受け身になってしまう。シュウヘイや私もアドバイスするが、それに従ったところで成果が出るとは限らない。自ら主体的にならないと、いつまで経っても研修生から抜け出せない。

おもいきって仕組みを変えてみると、主体的に動けなかった人が自ら勉強し、創意工夫するようになった。

また、私やシュウヘイのアドバイスも、「よい・悪い」から、実際の出稿結果に基づき、「もっとこうしたらいいんじゃない？」と**ポジティブなフィードバック**に変わった。

以前なら、「お客様のことを理解するためにユーザーインタビューをしよう」と言ってもなかなか動かなかったメンバーが、出た数字をもとに「ここをもっと理解するためにユーザーインタビューをしてみたら」とアドバイスすると、すぐに動くようになった。

中途入社組のフィット感をどう向上させるか　風土

新人教育がうまくいきだした中、他社で実績のある中途入社組の戦力化もスムーズにいくようになった。

同業者や広告代理店などである程度実績を上げた人はそれなりの自負がある。

当社もその実績を評価して採用しているので、スキル自体はポジティブなものだ。

だが、商材や広告メディアが変わったり（紙からＷＥＢへ）、広告自体の種類が変わったり（イメージ広告からレスポンス広告へ）すると、クリエイティブのつくり方を根本的に変えないといけない。

なかには、年齢の若いシュウヘイが指導すると、「自分のほうが実績あるのに、なんでこんな若造に指導されなくてはいけないの？」と反発する人もいた。

また、当社より大きな企業からの転職組は私が指導しても、「自分は大手出身だから自分の意見のほうが正しい」と思い込んでいる人もいた。

せっかく当社にきたのに自分流を押し通して成果が出ない人の中には、自分のスキルを棚に上げ、「商品が悪い」と言う人もいた。

それが数値で判断される「配属条件」を設定した途端、どんな実績があろうと、この数値がすべてとなった。私やシュウヘイに認められることより、お客様に認められる成果を出すことが目的となったのだ（逆に、私やシュウヘイに認められる必要はないので本人もやりやすい）。

同期の未経験者がポーンと条件をクリアして配属されているのを横目で見ると、変なプライドや自負を捨て去り、真摯に取り組むようになる。そこで初めて自分のスキルを最初から前面に出すのではなく、当社の商品とお客様に向き合い、ゼロからクリエイティブをつくるようになるのだ。そのうえで、自分のスキルの「使えるところ」だけを上乗せするようになった。

これにより、実績のある中途入社組の当社へのフィット感が劇的に上がった。

長年の新人教育や中途メンバーのベストフィット問題が、氷が解けるようにす〜っと消えていった。

目標と期限を明確にすると、課題が浮き彫りになる。ここでもその課題を克服すると、劇的に成長することを実感した。

「手を広げる」から「絞り込む」戦術へ　KPI

様々な施策を打ちながらも、日々戦術は変わっていった。

最初はBLPの遷移率を1・4倍、HLPのCVRを1・4倍にする作戦だったが、**BLPの遷移率を1・4倍にすると、HLPのCVRが下がる現象が多発**した。

遷移率を上げるには、BLPを読んだ人がボタンをクリックし、HLPを見にいこうと思わなければならない。

たとえば、遷移用ボタンに「ぜひ商品のパッケージの美しさだけでも確認してください」という文言があると、興味本位で見る人が増えるのでクリック率は高くなる。だが、パッケージを見にきただけの人は購入しないので分母が増えた分、CVRは下がる。よってトータルのCVRは変わらない。

そのような仕掛けではなく、純粋に「商品を買いたい」と思ってもらい、遷移率とCVRをそれぞれ1・4倍にしなければならない。

社内で話し合ったところ、よかれと思って遷移率を上げたものが結果的にCVRの低下を招くなら、BLPとHLPをそれぞれ1・4倍にするのではなく、HLP単体で2倍になるよう全力集中したほうがいいということになった。

そこで戦術を変更し、BLPとHLPをそれぞれ1・4倍から、**HLP単体で2倍**を目指すことになった。ここでも「手を広げる」のではなく「**絞り込む**」ことにした。つくづくビジネスは面白い。

チーフDの2つの役割

スタートして約1か月間、「うまくいっていること」と「うまくいっていないこと」の明暗がはっきりしてきた。

すると、「うまくいっていないこと」を「これからうまくいかせるようにできそうか」「これは捨て、代替策に乗り換えるべきか」も見えてくる。

「代替策に乗り換える部分」で大きく貢献したのが、チーフDの出稿戦略業務のサポートに井出を回したことだった。

チーフDが陣頭指揮を執りながら商品ごとの戦略を実施していたが、チーフDに大きな負荷がかかっていた。チーフDの役割は2つある。

1　よりよいクリエイティブをつくる
2　より適切な出稿戦略を立てる

1は、「商品、ユーザー」のことを理解するのが大事だが、2については各広告メディアの特徴や運用面での知識がないと適切な判断ができない。

2の「出稿戦略」とは、どのメディアのどの掲載面にどんな広告を載せるかという戦略のことだ。これは当時、チーフDに研修の機会がなかったので、各自の意識レベルによって大きなスキル差があった。これにより機会ロスが生まれていたが、残り40営業日でチーフD全員がスキルを上げるのは難しかった。

過去最高2倍超の商品が出た「ポートフォリオ表」 タスク管理

そこで、運用チームリーダーの井出が「僕がチーフDの出稿戦略サポートに入ります」と名乗り出た。

井出が伸び悩んでいる商品の出稿状況のポートフォリオをつくって確認したところ、多くの伸びる余地（機会ロス）があることに気づいた。

井出がサポートした商品チームは、クリエイティブ力が高いメンバーの集まりだった。そのため、クリエイティブ力だけの勝負に偏ってしまい、数値分析や戦略・戦術立案が後回しになっていたのだ。

何か一つの成果が上がると、それをもっと高めようとブラッシュアップすべきケースと、それをもとに他の広告メディアに横展開すべきケースがある。

この優先順位は、広告メディアや広告枠の持つポテンシャル、その成果の度合によって判断基準が違うが、**これが〝感覚〟で行われていた。**

そこで井出がつくったポートフォリオ表を使うと、誰でも簡単に優先順位がつけられるようになった。この表を見れば、「今日何をすれば集客人数が最大化されるか」と優先順位がわかり、最も有望な部分に集中できた。

これにより、ある商品は過去最高の3倍の成果が出る日もあり、結果的には**全体で過去最高の2倍を超えるまでに伸長**した。

ベテラン勢を奮起させる秘策　風土

この時期、若手メンバーの中から「与えられた範囲の仕事だけをする」のではなく、「チームの目標を達成するために自らこの役割を担う」というリーダーシップを持った人たちが少しずつ生まれ始めた。

若手が台頭してくる中、心配されたのがベテランの対応だったが、若手が自分たちの上に立つことに反発する人たちはいなかった。若手中心に進んでいた改革に「あんなに若手が頑張っているなら」と逆にベテラン勢が奮起し、大きく活躍するようになったのである。

当時のベテラン勢には「リーダータイプ」がいなかった。10~20人いる中でリーダーらしい役割の人もいたが、それでも「この中ならリーダータイプに近い人はいるが、根本的にはリーダータイプではない」という人ばかりだった。

若手のリーダータイプが活躍し始めているのを見て初めて、**それまで本来リーダー向きでない人に無理矢理その役割を任せていた、**だから思うように進まなかったのだと気づいた。

大半のベテラン勢は職人肌の実務家タイプ。そもそも人には向き・不向きがある。向いている仕事が与えられれば活躍し、与えられなければ活躍しにくい。

実務家タイプの彼らは、心の中で明確な方針や方向性を示してくれる人を待っていたのだ。その役割を担う人がいなかったために、どうしていいかわからず、立ち止まっていただけだった。

若手のリーダーが生まれたことで道筋が見え、実務家タイプのベテラン勢が大活躍するようになってきた。これ以降の彼らの活躍はすごかった。

クリエイティブのＫＰＩの上位ランキングは、ほぼベテラン勢で占められるようになってきた。あれだけ私が発破をかけても動かなかったベテラン勢が、ＫＰＩで指標が明確化され、若手リーダーが戦略・戦術を明確に示すことで大活躍するようになったのだ。

要は**やればできるだけのスキルは持っていたのに、何をやればいいかわからなかっただけ**なのだ。こういうケースは当社だけではないだろう。たくさんの企業で眠っているベテランたちがいるはずだ。

組織は、できるリーダーがいると大きく変わる。同時に、リーダーの指示を高いレベルで実現できるメンバーがいてこそ、よい組織ができるのだ。

念願のギネス超え。しかし……

様々な施策が少しずつ実を結び、2022年12月18日、**過去最高の1713人を269人上回る「1982人」の集客に成功**した。2019年1月13日に記録した1713人を約4年ぶりに更新した。少し早いサンタさんからの素敵なプレゼントになった。

「ビヨンドギネス1714」戦略による過去最高を超えようという1次目標を掲げてわずか2か月だ。

タツオ、シュウヘイ、サカモッちゃんが新卒入社した2020年4月はすでにダウントレンドに入っており、1日平均542人。そのときの目標は1日1000人だったが、まったく見えない状態だった。そのダウントレンドは止まらず、1年半経った2021年12月は1日平均163人にまで落ちていた。

この月のタツオのMVPシートには、こんなことが書かれていた。

直接販売課のリーダーという役割を与えていただいたときから、毎日意識して貫いてきたことは「目標達成に対してブレない」こと。

失敗しても、そこからデータを取って改善して行動し続ければ、10回に1回は成功する。

しかし事実として、失敗を繰り返すうちに挫折してしまうチームと、成功するまで淡々と行動し続けられるチームがあり、**明暗を分けるのはリーダー次第**だと考えてやってきました。

リーダーがチームを勝たせるために、前線で思考と挑戦をやめなければ、ついてきてくれるメンバーは必ずいますし、リーダーの基準がチームの当たり前になるので、最後の最後、リーダーが目標達成へのスタンスと行動を貫けば、なんとでもなると考えて取り組んできました。

その考えに至ったきっかけがあります。

減収減益が続いた2021年4月の社員総会です。

木下社長が全メンバーに向けて何度も、**「来期はイケる気しかしない！」**とおっしゃっていたことを今でも鮮明に覚えています〔**図表29**〕。

初めて減収減益が続いたタイミングだったので、少なからずここから浮上できるのか？という空気感が漂っていた中、社長の発言を聞き、「あ、本当にイケる気がしてきた」と

図表29　2021年４月に行われた社員総会時のレジュメ

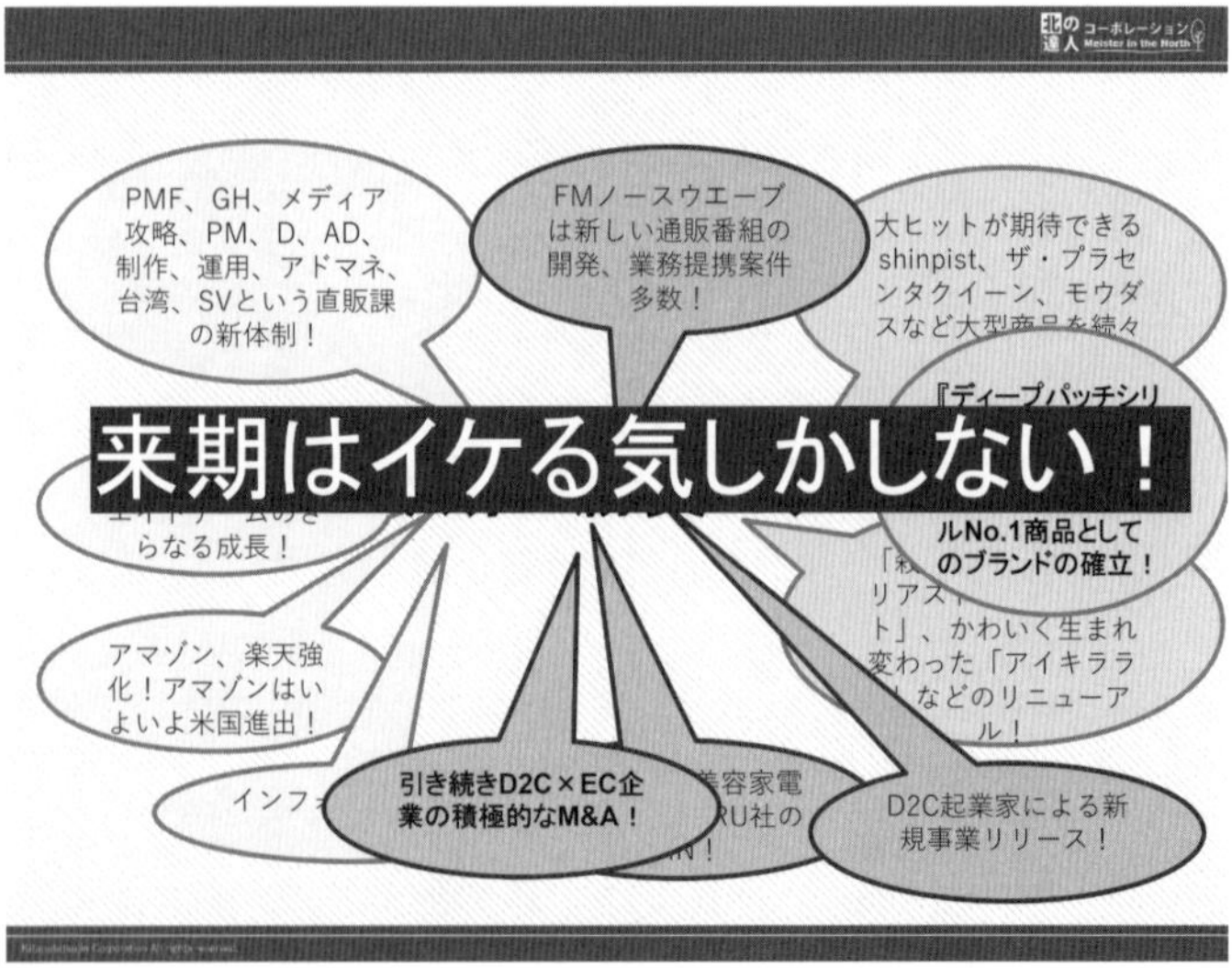

思えたのと、こうやってまず、**「メンバーに目標と道筋を見せ、結果を出して辻つまを合わせるのがリーダーの仕事」**だと、リーダーとしてのあるべき姿を社長から感じました。

　そのようなきっかけで自分も、「この人が達成しようと動いているなら絶対に大丈夫」とメンバーが思えるリーダーとして頑張ろうと取り組んできました。

　そんな中、並走してくれる仲間に恵まれ、直接販売課というチームとして少しずつ実力をつけることができ、飛躍的な件数増加を生み出し、ギネス達成が実現できたと思っています。

今回のギネス達成は、直接販売課一人ひとりがこれまでのやり方にとらわれず、目的ベースでやるべきことをとらえ直して取り組んできた結果です。

1年前と比較すると、生み出せているクリエイティブも運用ノウハウも、当時とは段違いのレベルになってきていると振り返ってみて感じます。

本当に直接販売課の仲間、一人ひとりの活躍のおかげです。

ありがとうございました。


自分たちがリーダーとして引っ張っていくことで、過去最高の成果まで引き上げたのだ。

その喜びに満ちあふれたMVPシートだった。

しかし、今の目標はギネスではない。ダブルギネスの「3426人」だ。

今はリーダーとしてみんなを引っ張る立場である以上、目標自体が達成されていないのに手放しで大喜びしていてはいけない。

タツオのMVPシートの続きには、こんなことが書かれていた。

……と、「今年一年、結果残してやり切りました！」という雰囲気を出していますが、心の中はまったくそうではありません。

直接販売課の中ではギネス達成はもう過去の出来事。今はダブルギネス達成に向け、日々前のめりで走っています。たまに前に倒れながらもがいております。

結果を出し、キッチリ責任をはたしたいと思います。**必ず今期中にダブルギネスを達成します。**

それぞれのメンバーは、北の達人史上最高記録を自分たちが打ち立てた喜びを噛みしめながらも、目標の半分をようやく超えたにすぎない状態に改めて気を引き締めた。

「300万円の達成パーティ」で退路を断つ　風土

年を越し、1月になった。いよいよ残り2か月だ。

正月休み中はクリエイティブの更新が止まっていたため、集客人数が減っていた。だが、平日になるとぐんぐん伸びてきて、1日2000人に迫る勢いになっていた。1000人を達成してわずか2か月強で2倍である。

タツオ、シュウヘイ、サカモッちゃんとの直接販売課ミーティングで聞いてみた。

「どう？　イケそう？」

「はい！　最初はどうなることかと思っていましたが、イケそうな気がしてきました」

「そうだよね、2か月で2倍になってるもんね。あと2か月で2倍イケてもおかしくない。達成できそうだね」

「はい、理論上はそうだと思います」

「達成したらさ、直接販売課と関連部署のみんなで祝賀会やろうよ」

「はい、いいですね」

「じゃあさ、2月末に達成だから、3月の頭に祝賀会の会場、押さえようよ」

「あ、はい」

「ホテルの会場で300万円くらいの予算でね」


「さんびゃくまんえん？」

「うん。だってダブルギネスを達成したら、その経済効果を考えても300万円なんて安いもんだよ。せっかくだから芸能人のゲストも呼んで盛大なパーティにしようよ」

「いや、でも、もし達成できなかったらどうするんですか？」

「え、達成できるってさっき言ったよね？」

「いや、そうですが……」

「達成できなかったときのことは考えずに、**どうやって達成するか**を考えようよ」

「いや、そうなんですが……」

「最悪、達成できなくても死ぬわけじゃない。実際に達成できなかったら、盛大な大反省会をやればいいんだよ。300万円かけた大反省会って、それはそれで面白いよ。300万円かけて反省会したら、しっかり反省して次こそは！　って思うじゃない。でも、それは内緒にしておいてみんなには『**達成パーティ会場を押さえたから達成するしかないよね**』というノリでやっていこうよ」

「はい……」


タツオ、シュウヘイ、サカモッちゃんは不安げな声を出したが、「面白いことになってき

図表30　社内で告知されたチラシ

たぞ」と顔は笑っている。これが彼らのいいところだ。

そして2023年3月9日、5つ星ラグジュアリーホテル「ザ・ペニンシュラ東京」での直接販売課および関連部署の総勢約50名分の豪華ディナーパーティが300万円で予約された［図表30］。当日はものまね芸人のJPさんにもゲストで出てもらう予約をした。さぁ、これで後には引けない状況になった。

PHASE

7 エックスデー

エックスデーを「1月29日」に再設定

2023年1月15日、ついに2000人を大きく超える「2398人」となった。スタート時は850人だったが、その2・8倍まできていた。

あと1・4倍で3426人。ついにダブルギネス記録を達成する。

1月15日は日曜だった。

当社の商品は休日のほうが売れる。平日は「ながら見」が多くページを読み込まないが、休日はじっくり商品を吟味できるからだ。

1日集客人数目標「3426人」を狙うなら、土日に達成日「X day（以下エックスデー）」を設定すべきだ。

1週間経った1月22日日曜、2825人にまで伸びた。これであとわずか1・2倍である。

何かが1・2倍になれば、ダブルギネスを達成できるところまできた。

状況を確認すると、各施策が実を結び始めたのと同時に、成果の高い広告が出そろっていた。広告は成果が出ても一定期間で疲弊してくるため、入れ替える必要がある。

しかし、入れ替えた広告が必ずしもすぐに成果を出すとは限らないため、20本の広告キャンペーンが回っていても、10本は絶好調、5本はそこそこ、5本は成果が出ないのでやり直しという場合が多い。

だが1月22日段階では、20本中20本が絶好調の広告がそろっている状態だった。

ここで2月まで待たずに一気に仕掛けたほうがいいと判断。

1月29日日曜を「エックスデー」に設定することにした。

2022年10月21日に、過去最高の2倍となるダブルギネスの目標期限を「2月28日までの4か月」と設定したときは想像できなかったが、まさか1か月前倒しで狙えるようになるとは思わなかった。

エックスデー前夜

1月27日金曜、当社は土日休みのため、クリエイティブディレクションチームは、金曜中に広告出稿をセットして帰ることになっていた。

一方、運用チーム12名は全員休日出勤体制（在宅）とし、状況を見ながら入札調整しつつ、成果が最大になるようチューニングすることになっていた。

タツオは今まで立てた戦略がきちんと実行されているか、抜け漏れがないか入念にチェックしていた。

依然としてHLPのCVRを2倍にする施策も行われており、AとB、どちらのHLPでエックスデーを迎えるのがいいか、ギリギリまで話し合っていた。

「井出、これってAとB、どっちのHLPで勝負するの？」

「今、ABテストをやっているので、あと15分、状況見て最終ジャッジします」

この場合のABテストは、広告をクリックしたときに表示させるHLPで、A案とB案を交互に出し、どちらがCVRが高いかテストするものだ。

通常は数日単位で見ていくが、より正確な情報を得るため、井出は金曜の勤務時間終了ギリギリまで見て判断しようとしていた。

サカモッちゃんは、自分の担当商品はほぼ完璧に準備できていたので、他の商品をサポートしていた。

シュウヘイは、メンバーが目の前の業務に集中できるようバックアップに努めた。

ヒコちゃんとススムは、最後までクリエイティブのチューニングを続けた。

そして各自が金曜の業務を終え帰途につくとき、楠田がみんなに言った。


「あとは、僕たち運用チームに任せてくれ！」

1月29日、エックスデー当日　KPI

1月28日土曜になると、前日に仕掛けた広告結果がちらほら見えてきた。

ただ土日休みのため、新しいクリエイティブをつくることはできない。今出稿しているクリエイティブの出稿チューニングだけで調整していかなくてはならないのだ。

前述のように運用チームは在宅勤務することになっていたが、楠田だけは「出社したい」と両日ともオフィスで待機していた。

エックスデー前日は、日曜にピークがくるよう微調整するのがメインだった。

1日集客人数の判断基準は、当日0時0分0秒から23時59分59秒までの集客人数だ。

広告メディアごとの数値は管理画面を見ればわかるが、全商品と全広告メディアの合計数値は自社システムによって自動的にデータが抽出され、1時間ごとに確認できる。これは運用メンバーが独自につくったエクセル管理表だ。

そしていよいよ1月29日、エックスデー当日を迎えた。

朝9時、休日勤務がスタートした。

エクセル管理表の第一弾が、楠田によって運用チームメンバーにLINEで共有された【図表31】。

一番右端の列が進捗（%）を表す（図表31の「0時」の進捗率は0時台終了時点のもの）。これは左から4列目（実績合計人数）÷3列目（目標累計人数）で算出される。

図表31　エクセル管理表第一弾

時間	各時間帯ごとの集客目標	目標累計人数	実績合計人数	進捗(%)
0時	63	63	71	113%
1時	33	96	95	99%
2時	23	119	121	102%
3時	18	137	144	105%
4時	21	158	154	98%
5時	34	192	188	98%
6時	96	288	301	105%
7時	172	460	462	100%
8時	207	667	659	99%
9時	209	876		
10時	220	1096		
11時	201	1297		
12時	200	1497		
13時	171	1668		
14時	173	1841		
15時	175	2016		
16時	185	2201		
17時	175	2376		
18時	176	2552		
19時	172	2724		
20時	207	2931		
21時	232	3163		
22時	205	3368		
23時	160	3528		
合計	3528	3528		

<左から２列目の「各時間帯ごとの集客目標」>
各時間帯ごとに何人の集客をすべきかという目標値を設定(余裕を持って合計が目標を３％程度上回る数字を設定)
<左から３列目の「目標累計人数」>
各時間帯の目標の累計数値。この時間帯の終了までにこの数字に達していなければならないという数値
<左から４列目の「実績合計人数」>
各時間帯終了時点での数値。１時間ごとにシステムで最新数値が表示更新されるため、その数字をここに貼りつける

朝9時を迎えた時点で実績合計人数が667人に達していないといけないが、実際は659人だった（進捗率99％）。100％を切っているので、このペースだとギリギリ達成できない。だがまったくダメな数字ではない。今日一日、この数字と戦っていく。

その後、楠田が1時間ごとに管理表数値を更新。全運用チームメンバーに共有すべくLINEで檄を飛ばした。

この日、運用チームメンバーがする「調整」は次の2つだった。

1　クリック単価や一日の上限予算

採算に合っている広告の一日上限配信量幅を上げたり、採算に余裕があればクリック単価を上げたりして表示回数を増やす。

広告メディアの配信アルゴリズムは、クリック単価を一気に上げてしまうと、表示回数が一気に増えて採算が悪化するため、少しずつ単価を上げつつ、採算範囲内で最大限の表示回数を目指す。

2　採算が合っている広告クリエイティブを別枠で展開

一つの広告メディアの中でも様々な表示枠がある。それぞれの表示枠には特徴があり、A枠で成果が出た広告がB枠ではさっぱりうまくいかないこともある。

通常は採算が合う枠にしか広告出稿しないが、この日は1日の動きを見ながら、成果の高い広告を別枠にも出し、チャレンジしていった。

朝9時の数字を見て、あと1〜2%を埋めるべく、運用チームメンバーは自宅でこれまで培ってきたスキルをフルに発揮し、調整をかけていった。

LINE上での戦い KPI

朝10時、楠田から第2弾の数字がLINEで共有された。

114%だった［図表32］。

この日、0〜9時まで調整作業をしていなかったので数値は低めだったが、9〜10時に調整するだけで一気に進捗率は114%まで上がった。

全員が安堵した。

「これはいける！」

図表32　LINEで共有された第2弾の数字

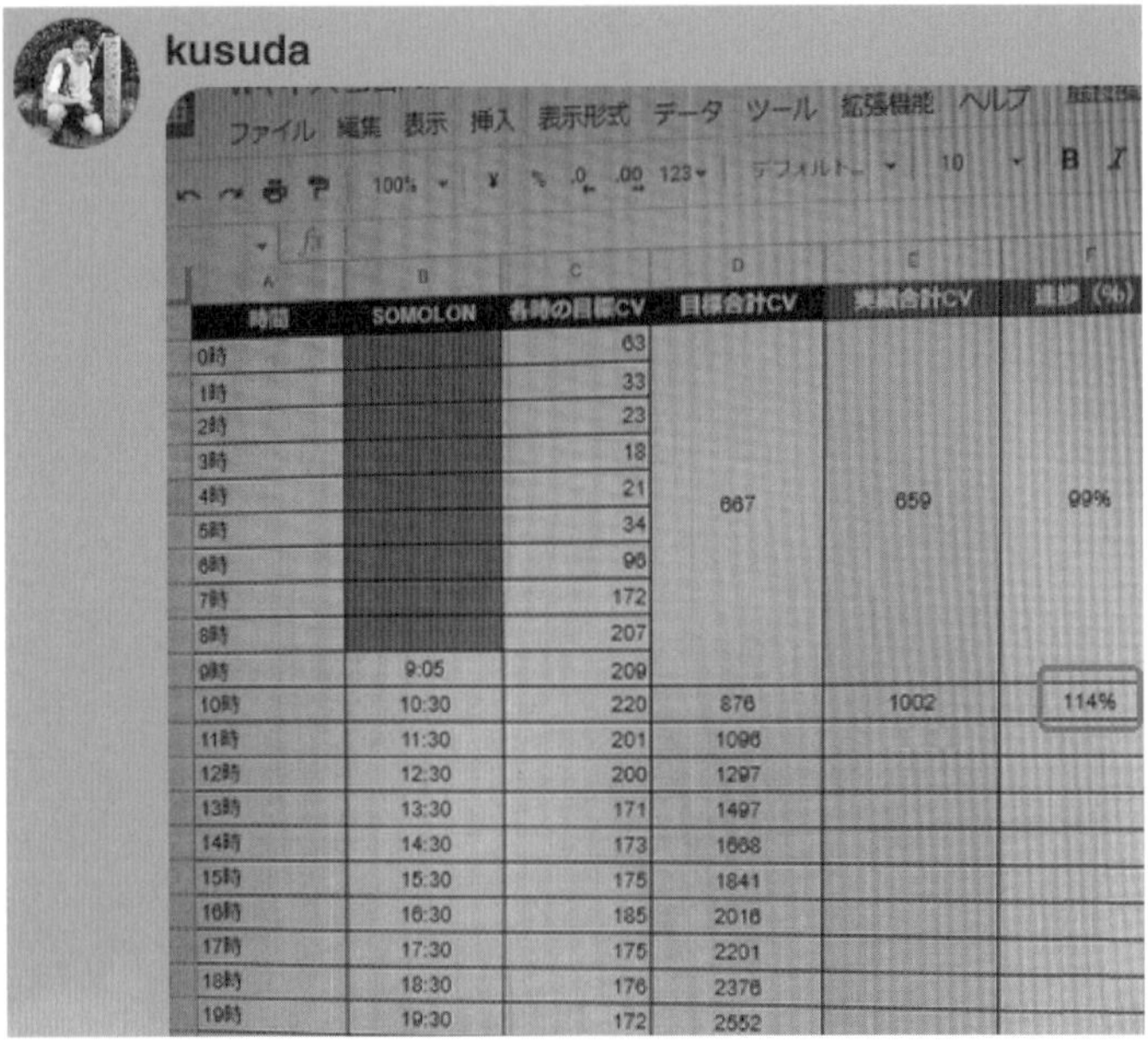

時間	SOMOLON	各時の目標CV	目標合計CV	実績合計CV	進捗（%）
0時		63	667	659	99%
1時		33			
2時		23			
3時		18			
4時		21			
5時		34			
6時		96			
7時		172			
8時		207			
9時	9:05	209			
10時	10:30	220	876	1002	114%
11時	11:30	201	1096		
12時	12:30	200	1297		
13時	13:30	171	1497		
14時	14:30	173	1668		
15時	15:30	175	1841		
16時	16:30	185	2016		
17時	17:30	175	2201		
18時	18:30	176	2376		
19時	19:30	172	2552		

そして1時間後の11時。「110%」と100%は上回っているが、少し数値は落ちた。

楠田から、「油断せず万難を排して」というメッセージが添えられた［図表33］。

そして正午、109%。13時、106%。14時、103%。

少しずつ数値が落ちてきてしまった。確かに100%は超えている。だが、確実にダウントレンドだ。危機感を覚えた楠田から、**全員に再度見**

図表33　楠田から再度見直しの徹底

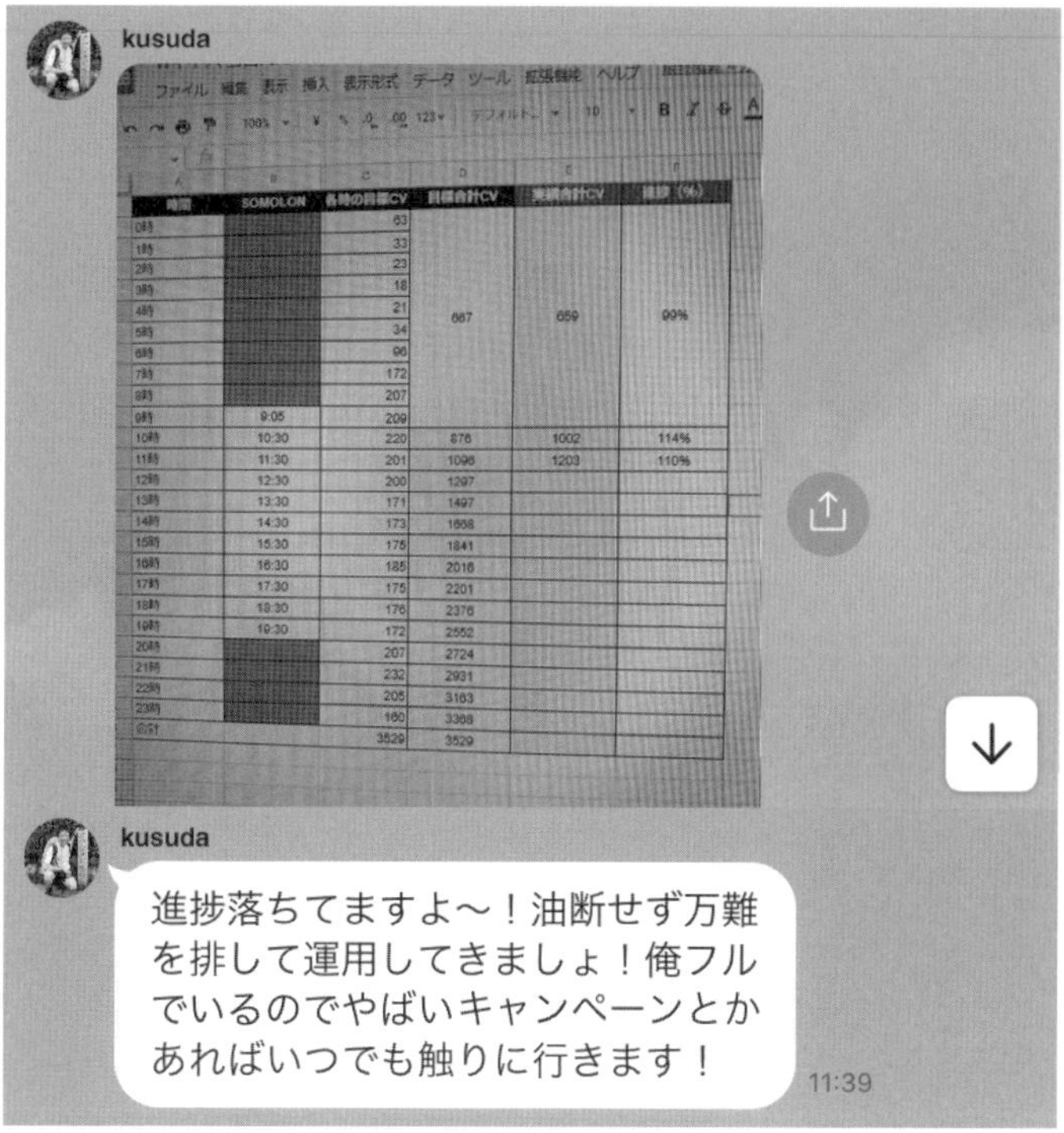
kusuda
kusuda
進捗落ちてますよ〜！油断せず万難を排して運用してきましょ！俺フルでいるのでやばいキャンペーンとかあればいつでも触りに行きます！
11:39

直しの徹底が依頼された［図表34］。

　また、運用チームのＬＩＮＥグループに入っていたタツオや井出から、互いの広告メディア管理画面を見つつ、**「これをこうやればどう？」「ここ、入札をもっと強化できないか？」などのメッセージが飛び交った**［図表35］。

　刻一刻と出てくる数字に、「まだできる

ことはないか」「何か漏れているものはないか」「状況が変わって追加ですべきことはないか」など運用チームメンバーは、**今まで培ったスキルとプライドを賭けて調整し続けた。**

そして、当日分の最終更新時間、19時を迎えた。

19時1分〜23時59分は翌朝6時に更新されるので、19時以降は数字がわからなくなる。

図表34　「ほんとにやばい！」のメッセージ

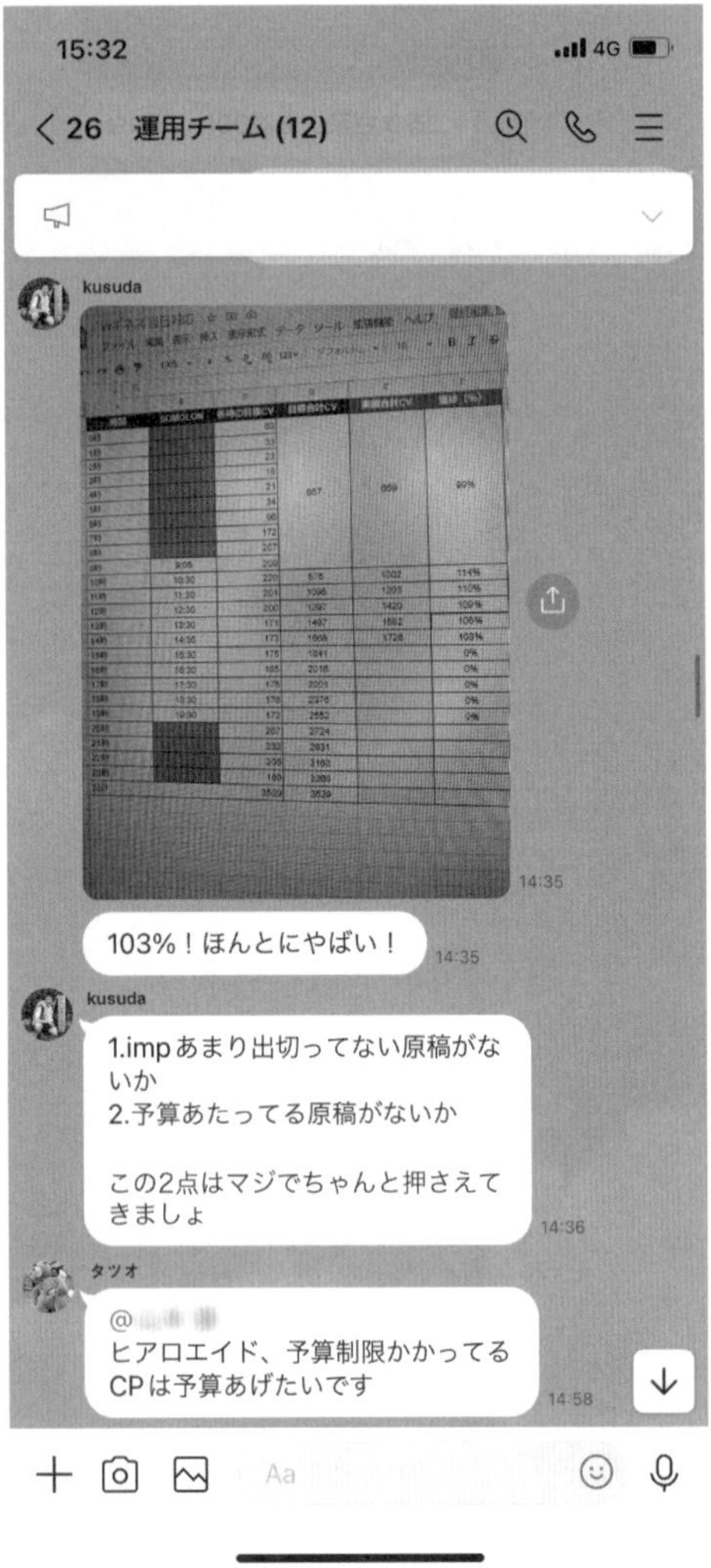

図表35　LINE上で飛び交うメッセージ

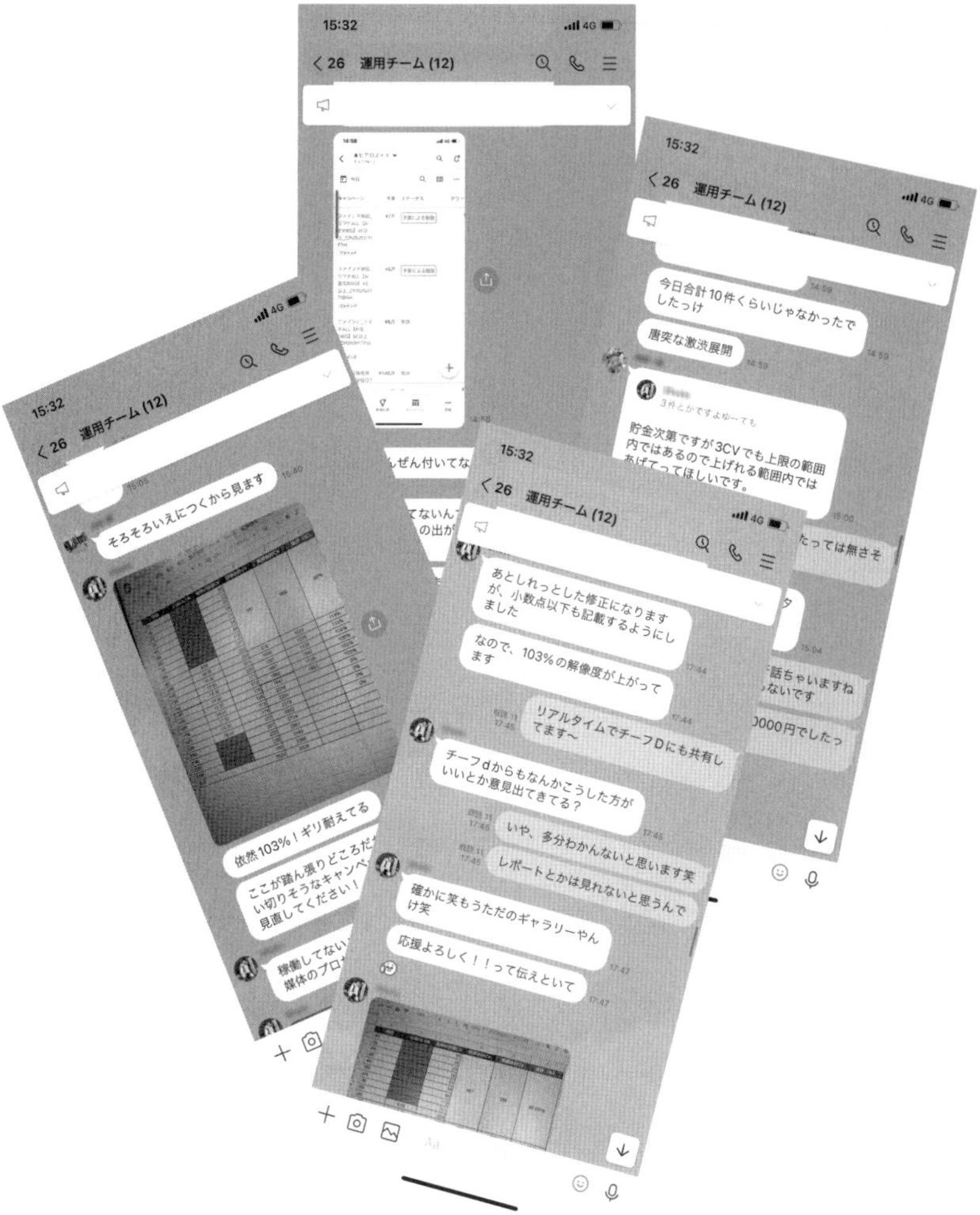

また、セキュリティと労務管理上、当社ＰＣは20時15分に自動的にシャットダウンされ、それ以降は調整もできないので後は祈るしかない。

1月29日19時時点で「２６２３人」だった。

あと5時間で「６２３人」集客できれば３４２６人となり、目標達成だ。

進捗は１０３％。このままだといけるはずだ。だが、何か一つおかしなことが起これば、数字を割ってもおかしくない。まさにギリギリのライン。どちらに転んでもおかしくはなかった。各々はドキドキの期待と不安の中、祈るように眠りについた。

運命の数字は？

翌1月30日月曜の朝。

目覚めた瞬間にＰＣを立ち上げ、数字を確認した。ある者は自宅で、ある者は早朝出社して確認した。

自社システムの集計結果表示のページの1月29日欄に「**3539**」という数字が表示されていた【**図表36**】。

達成したのだ！

この日、2023年1月29日の集客人数は3539人。
1年前の同日の集客人数は2278人。

図表36　ついに達成した瞬間

商品名 本品絞り 100モニ絞り	日付		主集客合計 件数ソート
	月間合計		20,425
全商品(本品)	23/01/01	日	1,399
全商品(本品)	23/01/02	月	1,576
全商品(本品)	23/01/03	火	1,501
全商品(本品)	23/01/04	水	1,450
全商品(本品)	23/01/05	木	1,578
全商品(本品)	23/01/06	金	1,540
全商品(本品)	23/01/07	土	1,850
全商品(本品)	23/01/08	日	1,867
全商品(本品)	23/01/09	月	1,809
全商品(本品)	23/01/10	火	1,502
全商品(本品)	23/01/11	水	1,508
全商品(本品)	23/01/12	木	1,782
全商品(本品)	23/01/13	金	1,863
全商品(本品)	23/01/14	土	2,280
全商品(本品)	23/01/15	日	2,398
全商品(本品)	23/01/16	月	1,869
全商品(本品)	23/01/17	火	1,795
全商品(本品)	23/01/18	水	1,923
全商品(本品)	23/01/19	木	1,958
全商品(本品)	23/01/20	金	2,053
全商品(本品)	23/01/21	土	2,449
全商品(本品)	23/01/22	日	2,825
全商品(本品)	23/01/23	月	2,119
全商品(本品)	23/01/24	火	2,235
全商品(本品)	23/01/25	水	2,206
全商品(本品)	23/01/26	木	2,199
全商品(本品)	23/01/27	金	2,307
全商品(本品)	23/01/28	土	2,942
全商品(本品)	23/01/29	日	3,539

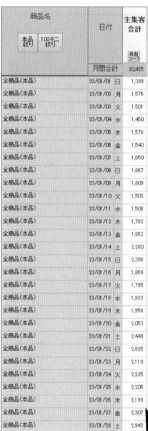

実に1年間で13倍にまで成長していた。

各自出勤してからの直接販売課は大騒ぎだった。メンバーが一人、また一人出勤するたびに歓声とともにハイタッチが行われ、歌舞伎座タワー8階の東京本社は、朝から拍手喝采が湧き起こる収集のつかない状態になった。

当然だろう。**彼らは偉業を成し遂げたのだ。**

PHASE 8 メッセージ

ダブルギネス祝賀会

2023年3月9日。前もって予約していた5つ星ホテル「ザ・ペニンシュラ東京」で盛大な祝賀会が開催された。

同ホテルのビュッフェ形式のパーティに、いつもよりドレスアップした直接販売課と関連部署メンバーのうち47人が集った。

乾杯の音頭はタツオが取った。

業務上はリーダーだが、業務を離れるとリーダーシップは影を潜め、ダダすべりな乾杯の発声でズルズルとパーティが始まった。

図表37　モノマネタレントJPさんが登場

少しの歓談後、ゲストとしてものまね芸人のＪＰさんが会場を沸かせにきてくれた［**図表37**］。

その後、シュウヘイ、サカモッちゃん、井手、ヒコちゃん、ススムたちからそれぞれの想いが発せられた。関わりの深かったメンバー一人ひとりの名前を上げ、感謝とねぎらいの言葉が述べられた。

自分たちの力でこの会社を盛り上げている、成長させている、そして自分たちなら、この会社を次世代のグローバルメーカーにしていけるという心強いメッセージだった。**時には笑い、時には涙のすばらしいスピーチだった。**

今回の実話ストーリーでは、7人のメンバーを中心に紹介したが、それはほんの一部だ。彼らと同じように大活躍したメンバーがたくさんいたし、直接販売課および関連部署のメンバー71人の誰一人欠けても成し遂げられなかった。一人ひとりの力が合わさった結果、1年で13倍の成果＝「チームX」が成し遂げられたのだ。

卒業の贈る言葉

メンバーたちにとっては、3か月間の戦いの結晶だった。
しかし、私にとっては創業以来23年間の戦いだった。
ついに「木下商店」を卒業したのだ。
そして最後に、私から次のような締めの言葉を贈った。

ダブルギネス達成チームのみなさんへ

このたびは、みなさんおめでとう。

本当にギリギリで達成できたので、誰一人、どの仕事一つ欠けても達成できなかったので、本当にここにいる全員の力のおかげです。

本当におめでとう。


ここからは少し私の立場から話をさせてください。

私は採用強化のために３年ほど前から講演をしたり、本を書いたりして会社の知名度を上げる活動をしてきました。

それをきっかけに、日本を代表するＷＥＢマーケッターの一人といわれるようになりました。

いろいろなところで、「社長が一流のＷＥＢマーケッターなら、御社のＷＥＢマーケティングチームはさぞかし優秀なんでしょうね」と言われました。

しかし、このときのＷＥＢマーケティング部は、正直、お世辞にも胸を張って自慢できる状態ではありませんでした。事実、新規集客人数は右肩下がりでした。

当社のＷＥＢマーケティングにあこがれて入ってきた人の中には、入ってみたら、「え？

なにこれ」と幻滅し、すぐに辞めていく人もいました。

そのときは、退職していく人たちに申し訳なく、めちゃくちゃ心苦しかった。吐きそうなほどしんどかったです。

これまで23年経営をしていて、正直、一番しんどい時期でした。

何度も自分が現場に入り、クリエイティブをつくってチューニングし、立て直すしかないかなと思いました。

でも、それをやってしまうと、いつまで経っても、木下商店のままです。

でも、私は北の達人を木下商店ではなく、メンバーが中心となったパブリックカンパニーにしたかった。

しかし現実は、どんどん集客人数が落ちていき、苦しい時期が続きました。

そうしているうちに、若手メンバーたちが「自分たちがなんとかしよう」と立ち上がってくれました。年次関係なく、圧倒的当事者意識を持って成果を上げるために、とことん工夫しながら動いてくれたのです。

そして、少しずつ成果が出始めたとき、それに感化されたベテラン勢が「若手がこんなに頑張っているなら自分たちも」と今まで以上に活躍してくれるようになりました。

そしてついに木下商店を脱し、「チーム北の達人」としてダブルギネス達成という大きな成果を上げてくれました。

「みんなを信じてよかった」と心の底から思いました。

この1年で、若手、中堅、ベテランみんなが大きく成長しました。

目を離せばすぐに手を抜いていたOさんも、今は常にランキング上位に入る活躍です。本当に夢のようです。

みなさんご存じのように、最近私がライティングしたLPが業界内で話題になりました。

しかし、話題になったものの、実際にはあのLPでの売上はあまりありませんでした。

それを私はときどき社内で、「業界で有名になったけど、実は売れていないLP」と自虐ネタとして使っています。

あれは、私にとってとても嬉しい話なのです。木下商店、つまり木下の失敗＝北の達人の失敗だった頃ならとても笑えませんでした。

でも、今は私が失敗しても、みんなが代わりに成果を出してくれる。私は心おきなく失敗でき、失敗を笑える立場になりました。

これがたまらなく嬉しいのです。だから何度もこのネタをしつこく使いながら、喜びを噛みしめているのです。

今、「御社のWEBマーケティングチームはさぞかし優秀なんでしょうね」と言われたら、「もちろんです」と胸を張って言えます。

一人ひとりのスキルは、まだまだトップレベルとはいえないかもしれません。

ただ、チームとして協力し合って大きな成果を出すことにおいては、日本最強のWEBマーケティングチームと言っても過言ではないかもしれません。

みなさんは私の誇りです。

みなさん、本当におめでとう。

そして、本当にありがとう。

第3部　5つの「企業組織病」と5つの「Xポイント」

これまで第1部、第2部を通じ、北の達人コーポレーションがどのような「チームX」を行い、いかにして**1年で13倍の成果を出したか**をお伝えした。

この第3部では、第2部までの教訓をもとに**「5つの企業組織病」**を解説しつつ、あなたの会社で「チームX」を行うために必要な**「5つのX《変革》ポイント」**を抜き出し、整理してみたい。

事業を成功させるために必要なこと

事業を成功させるには、**2つの段階**が必要だ。

第1段階は、**正しい経営戦略をつくる**こと。

どの市場に対し、どのような強みを持って参入するか。

何をして、何をしないかを判断することが大事だ。

経営戦略を立てるのは一人でもできる。だが、それだけでは事業を成功させることはできない。

第2段階は、**経営戦略を実現できる組織をつくる**ことだ。

どんなに正しい経営戦略があっても、それを実現できる組織がなければ、経営戦略は絵に描いた餅となる。

経営コンサルタントが伸び悩んでいる会社に、「御社はこうすれば伸びます」と戦略を提案しても、会社側が「そんなことは提案されなくてもわかっている。問題はその戦略を実現できる組織づくりができないことだ」と嘆くケースが多い。**「実現できる組織」をつくるのはそれだけ難しい**のだ。

「課題」と「解決策」に分けてみよう

これまでチームを改革し、1年で13倍の業績にしたプロセスをお伝えしたが、「面白かった」で終わらせるのではなく、あなたの会社やチームで活かせるよう、再現性のある形にすることが大切だ。そのためにまず、「**課題**」と「**解決策**」に分けてみたい。

課題とは、自社が陥り、かつどんな会社でも罹患する可能性のある「**5つの企業組織病**」だ。

解決策とは、課題を克服し、チームXを成し遂げた「**5つのXポイント**」である。

では、「5つの企業組織病」とは一体何だろう。

ズバリ次の5つが確実に現代の組織を蝕《むしば》み、破滅へと導く。

①職務定義の刷り込み誤認
②お手本依存症
③職務の矮小化現象
④数字万能病
⑤フォーマット過信病

一方、「5つのXポイント」とは何か。次の5つだ。

①KPI
②教育の仕組み
③共通言語化

④タスク管理
⑤風土

「企業組織病」とは何か？

では、順を追って説明していこう。

第1部では、元々1日1000人以上集客できていたが、1日100人台まで激減した状況を元に戻した。なぜそこまで落ちたのだろう。

確かに競合が激化したが、大半は「内部要因」だった。当時の北の達人は「企業組織病」にかかっていたのだ。

企業組織病とは、大半の構成メンバーがかかるビジネス上の病である。企業組織病は、**有能な人間を無能化させる破壊力**があるから恐ろしい。

かく言う私も新卒でリクルートに勤めていた時代は、ほとんど成果を上げられないダメ社員だった。今振り返ると、当時の私は企業組織病にかかっていたように思う。

今回、北の達人がかかった企業組織病は5つある。

だが、いろいろな問題も原因をたどれば、この5つの企業組織病に起因していた。それぞれの病は密接に絡み合っており、一つの現象に2つの病が当てはまることもあった。それだけ企業組織病は複雑なのだ。

【企業組織病①】　職務定義の刷り込み誤認

まず、他の企業組織病の源となりうる「**職務定義の刷り込み誤認**」について見ていこう。

これは組織が急拡大する際、急激に人が増え、教育や引継ぎがしっかり行き届かない段階で発生することが多い。

なぜ、「刷り込み誤認」が恐いのか？

鳥のひなが初めて目にしたものを親だと認識し、一生その認識が変わらないことを「刷り込み」というが、仕事においても同じ現象が起きる。

たとえば集客の仕事があるとする。

集客の職務定義は文字どおり、お客様を集めることである。

集客方法としては、「広告を使う」「検索エンジン対策をする」「ＳＮＳでファンをつくる」などが考えられる。

集客の責任者がひととおりやってみて、「広告を使う」のが最も効率的だと判断したら、部下に広告を使った集客業務を任せる。

ここで社内にきちんとした教育体系がないと、部下に**「集客＝お客様を集めること」ではなく、「集客＝広告を使ってお客様を集めること」という誤った「刷り込み」**が起きてしまう。

ここで部下が広告を使った集客をしていて、広告の反応が徐々に悪くなってきたとする。

すると責任者は、あくまでも広告は集客方法の一つなので、広告効果がなければ「検索エンジン対策をする」「SNSでファンをつくる」などを模索すればいいと考える。

だが、部下は「集客=広告を使ってお客様を集めること」という認識なので、広告で集客数を取り戻そうとする。それでも成果が上がらないと、「広告効果が悪い=集客ができない」と思い込み、途方に暮れてしまうのである。

これを**「職務定義の刷り込み誤認」**という。

本来、職務には達成すべき目的がある。だが、多くの人は最初に任された職務目的を「目的を達成すること」ではなく、「その作業自体をやること」と誤認してしまう。

この「職務定義の刷り込み誤認」が起きると、部下に次なる集客方法である「検索エンジン対策をする」「SNSでファンをつくる」などをさせようとしても、「業務外の仕事を押しつけられている」と「やらされ感」が生じ、優先順位を勝手に下げてしまう。こうなると、部下は動いてくれなくなる。

「職務定義の刷り込み誤認」が起きる瞬間

当社で新商品を発売する際、一商品に対し、私を中心としたメンバーが何十種類の切り口のコンセプトを考え、いろいろ試した結果、最終的に一つのものに絞る。

そのコンセプトに基づき広告をつくった担当者は、この商品コンセプトは唯一無二のものだと思い込んでしまったことがある。

では、この広告が当たらなくなってくると、どうなるか。

私なら、何十あるコンセプトのうちの一つが当たらなくなっただけなので、別のコンセプトに変えればいいと考える。だが、この担当者は「このコンセプトが当たらない＝この商品は寿命がきた」とあきらめてしまう。

この瞬間、まさに「職務定義の刷り込み誤認」が起きている。思考の幅が狭まり、応用が利かなくなっているのだ。

第1部で触れた「新人に起きていた『目的のすり替え』」（60ページ）で、新入社員の目的が「集客できる広告」をつくることから「先輩がOKと言う広告」をつくることにすり替わっていた事例があったが、これも「職務定義の刷り込み誤認」の一例だ。

同じく「『商品を理解するレベル感』を言語化せよ」（161ページ）で、「商品を勉強する＝オリエン情報で勉強する」と思い込んでいたのもこの典型例だろう。

新卒リクルートでの致命的な失敗

私自身、リクルートで最初に配属されたのは、HR（ヒューマンリソース）事業部の営業だった。

HR事業部は、クライアント企業の人材課題に対し、採用と教育というソリューションを提供する部署だ。

HR事業部は、求人広告や研修プログラムを受注して稼いでいた。

だが、私はここで致命的なミスを犯した。

本来のHR事業の目的は「企業の人的課題を解決する」ことだ。

だが、私は「職務定義の刷り込み誤認」を犯し、**自分の仕事は「求人メディアの広告枠を売ること」「研修プログラムを売ること」**と思っていた。

そんな営業マンがクライアントから信頼を得られるわけがない。

将来、起業するために、人脈づくりの一歩としてリクルートに入社したが、そんな姿勢では一切人脈はできなかった。

私自身が「職務定義の刷り込み誤認」に陥っていることに気づいたのは入社4年目だっ

た。そこからは仕事のやり方が変わり、多くのクライアントから信頼を得られるようになった。

このように、**「刷り込み」は、「最初の仕事」を当事者がどう認識するか**から生まれる。一度刷り込まれたものはなかなか抜けないため、**その人の人生に大きな影響を与える。**よって上司は、間違った刷り込みが起きないよう、新人に仕事を教える際には細心の注意を払う必要がある。

この仕事は、どんな意義があるのか?
その意義の中で、この作業はどんな位置づけなのか?
その作業は、これからどんな職務につながっていくのか?

などを最初にきちんと伝えておくべきである。

【企業組織病②】お手本依存症

次に、「5つの企業組織病」の2番目である「**お手本依存症**」を紹介しよう。

本来、商品や広告は消費者を見てつくらなければならない。だが消費者を見ずに、すでに成功している商品や広告をお手本としてつくっていると、消費者ニーズがわからなくなる。するとお手本がないと、何もつくれなくなってしまう。これが「お手本依存症」である。

「お手本依存症」に陥ってしまう理由

これはいつ起きるのか。

効率優先で社内の教育体制が整っていない状態で、基本のキを学ばないまま現場に配属され、身近な成功事例のお手本を踏襲してうまくいったときに起こる。

だから、新人が最初に仕事のやり方を教えてもらうときが肝心だ。

うまくいっている先行商品や広告を見せられ、「これを参考につくって」と言われると、新人は「商品・広告はお手本をもとにしてつくるもの」と思い、悲劇が起こる。

「お手本依存症」は先に紹介した「職務定義の刷り込み誤認」の一種でもある。

前に触れた「こうして『自ら動かない風土』は生まれる」(43ページ)を覚えているだろうか。お手本をもとに広告をつくり続けていたメンバーは、お手本が使いものにならなくなった途端、どうしていいかわからず途方に暮れた。

学校の勉強と同じように正解が先にあり、正解を当てることが仕事と思ってしまうと、**「お手本」という正解がないと、仕事ができなくなってしまう**のだ。

同様に、「最初に着手したこと」(52ページ)の原因も、「お手本依存症」にある。

自らが消費者の感性ではなく、お手本を優先して広告をつくるようになると、消費者目線が失われる。

また、「テクニカルマーケティングと分業化の弊害」(126ページ)でBLPをつくる際に、広告とHLPとの「エモーションリレー」を見ながらつくるべきなのに、他で成果が出たBLPをお手本として「エモーションリレー」が崩れた例も同様だ。失敗を恐れ、お手本に依存すると、次々と失敗を誘発してしまうのだ。

ヒット商品「栄枯盛衰」の法則

企業や業界の典型的な失敗パターンがある。

企業が新商品をつくる場合、まず消費者を見てつくる。そしてヒット商品が出ると、第2弾の商品をつくる。だがそのとき、消費者ではなく第1弾の成功要因を見ながらつくってしまう。これが売れると、第2弾の商品を見ながら第3弾の商品をつくるようになる。これが繰り返されているうちに、**第10弾頃には、消費者を直接見たことがある人が社内にほとんどいなくなる。**

こうなると、このシリーズの売上が止まったときにどうしていいかわからない。商品をつくるとは、売れている商品を見てつくるものだと思い込んでいるからだ。

そこで今度はライバル会社の売れ筋を見て商品をつくる。そこで少し息を吹き返しても、必ずこの商品が売れなくなる。これを同業他社同士で繰り返しているうちに、業界全体がシュリンクしてしまう。

ただ、だからといって、市場（顧客）のニーズ自体がシュリンクしているわけではない。**単に業界全体で市場ニーズに応える力が落ちただけ**なのだ。

そこに、まったくしがらみのない新興企業が現れる。この企業は前例を踏襲せず、消費者を見ながら市場ニーズをうまくとらえ、まったく新しいコンセプトの商品をつくる。この商品は「〇×の再発明」といわれ、大ヒットする。

だが、この企業が第2弾を出すときに、1弾目のヒット商品を見ながらつくると、同じ失敗パターンに陥っていく。すると次世代の新興企業にとって代わられるのだ。

企業や業界の栄枯盛衰は、10〜30年単位で繰り返されている。アジア勢に一気に抜かれた日本の製造業はまさにこれだ。日本の家電メーカーが消費者を見ずに「競合への優位性」だけを考え、誰もほしがらない3Dテレビを出し始めたとき、末期を迎えた感じがした。

そもそも何のために事業をやるのか

昨今のD2C業界にも多くの新規参入があるが、参入理由は「他社がうまくいっているからチャンスだと思った」というものが多い。

どんな企業も最初はうまくいっている他社のマネから入る。だが、それだけでうまくいくほど甘くないのですぐに頭打ちになる。すると、「どこをどうマネすればいいんだろう」

と悩み始める。私のところに相談にくる新規参入者の悩みの大半はこれだ。

残念ながら、「お手本依存症」ではうまくいくはずがない。原点に立ち戻り、**「そもそも何のために、この事業をやるのか」**を考え直そう。

商品、広告、事業は、いつの時代も「お手本」を見てつくるものではなく、「ユーザー」を見てつくるものだ。これを心にとどめ、組織全体で「お手本依存症」にならないよう気をつける必要がある。

【企業組織病③】職務の矮小化現象

なぜ「職務の矮小化現象」が起きるのか

ここまで5つの企業組織病のうち、「職務定義の刷り込み誤認」と「お手本依存症」を紹介した。この2つが同時に起こると、3つ目の企業組織病である「**職務の矮小化現象**」が起きる。
前に触れた「デフォルトの『穴』」（178ページ）を覚えているだろうか。

以前は出されていた広告サイズが今は出ていなかった事例だ。

ヤフーには元々A～Jの10か所の掲載面に広告を出していたが、IとJの掲載面は徐々に成果が出なくなってきた。そこでしばらく掲載をやめ、A～Hの8か所だけ掲載していた。つまりこれ以降に入社した人は、ヤフーへの広告掲載はA～Hの8か所しかないと思っている。IとJについては存在すら知られていない状態だった。

このように、一時的に施策をやめた以降に入社した人は、職務範囲を「矮小化」して受け取る。

広告メディアにはヤフー、グーグル、フェイスブックなど様々ある。

当社ではいろいろなメディアで集客するが、成果によってメディアを使い分ける。入社時にA～Hしか使わずにIやJを使っていないと、「当社はIとJの広告メディアは使わないものだ」と勝手に認識してしまう。だからこそ**上司はキーとなる施策前後の変化を新人と共有しておく**ことが重要だ。

トレンドをキャッチできる人、できない人

広告メディアにも流行り廃《すた》りがある。ネット上には日々新しいメディアやアプリが登場する。

最初に担当したのがメディアAの場合、自分の仕事はAで集客することと認識し、A以外の動向には一切目もくれない。すると、Bというメディアが急激に伸びていることに気づかない。Bの伸びがすごく、Aにかけた労力でBに注力すれば成果は3倍になるのに、Bの存在を知らなかったり、仮に知っていたとしてもお手本がないのでやり方がわからず動けない。Bの拡大を横目にひたすらAの改善だけやる。まさに時間の無駄だ。

Aが廃れてきたとき、担当者が「**集客人数が減ったのはAのユーザー数が減ったからであり、自分の責任ではない**」と考えてしまうと問題だ。

Aのユーザーが減った分、Bのユーザーが増えているので、Aの減少分はBをやれば補塡できるのに、自分の仕事はAを一生懸命やることだと認識してしまう。

当社でも、YouTubeが爆発的に伸び、TikTokが台頭し始めた頃、対応に出遅れてしまった。メンバーが自らの担当メディアに集中し、周りを見ることができていなかったからだ。

現場で「職務の矮小化現象」をどう克服するか

前述した「『自らコンテンツを生み出す』小さな芽が息吹いた瞬間」（46ページ）の目的は、「職務の矮小化現象」の克服だった。

直接販売課全体で「職務の矮小化現象」が起きていたため、今まで手をつけていなかった広告メディアにあえて新人を配属。お手本をつくっていたのだ（当時としてはそれがツイッターだった）。そのお手本が完成した段階で他のメンバーにもお手本をシェアし、直接販売課全体で広告メディアを使えるようにした。

もちろん、お手本を渡すだけでは「お手本依存症」になってしまうので、**「着眼法研修」**で自ら広告メディアを攻略できるようにした。

現在は、ChatGPTや画像生成ＡＩなどが安価で急速に普及してきた。これらをうまく使いこなせれば劇的に生産性が上がり、クリエイティブの表現方法も無限に広げられる。だが放置しておくと、入社当時に学んだ生産性が低く、表現の幅も狭いままのクリエイティブ制作法を続けがちである。

そこで、シュウヘイが先頭を切り、ChatGPTや画像生成ＡＩを使ったクリエイティブのつくり方をマスター。全クリエイティブディレクターにレクチャーし、使いこなせるようにした。

これにより、全クリエイティブディレクターが最新技術を駆使してつくれるようになった。これを各メンバーの自主性に任せていたら、時間ばかりかかって決して生産性は上がらなかっただろう。

「職務の矮小化現象」はれっきとした企業組織病だ。**企業組織病をメンバー個人の努力で克服するのは難しい。組織としてきっちり対応していくべき問題**なのである。

【企業組織病④】　数字万能病

数字は「有能」だが「万能」ではない

デジタル化が進み、あらゆるものがデータ化されると、あいまいだったものが数値化され、クリアになってくる。これまで感性主導だったマーケティングは、WEBマーケティングの登場によりどんどん進化してきた。

だが、ここで大きな問題が起きた。

メンバーが数字「だけ」で判断するようになったのだ。

私の経験値では仕事の成否を判断する際は、きっちりとした調査や計算をすれば、7割の段階くらいまでは数値で判断できる。しかし、残りの3割はやはり感性や感覚が必要だ。クリエイティブのよし悪しなどは数字だけで判断できるものではない。しかし、デジタル化の推進により、本来7割の段階までの裏づけを取るサポート的存在であるべき数字が、あたかも**10割まで判断できる「万能な判断基準」**かのようにとらえられてしまったのだ。これを「**数字万能病**」という。

前に、「テクニカルマーケティングと分業化の弊害」（126ページ）で触れたように、「広告→BLP→HLP」のつながりを「中身」ではなく、「数字」で判断してしまったのが最たる愚例だ。データをもとに判断すると賢くなったような気がするが、それは大きな誤解だ。

7割までは必ず数値で裏づけを取るべきである。だが、それで終わらせるのではなく、残りの3割は感性や感覚を用いて判断できるようにならなければならない。

仮に「CVR＝50％」という結果が出たとき、無邪気に喜んでいいのか？

実際にWEBサイトを見て、自分だったら50％の確率では絶対買わないと思ったら、数字自体がおかしいのでは？　と気づく感性が必要だ。

数字はあくまでも仮説を裏づけるもの。あまりに仮説と違う結果が出た場合は「数字自体を疑う」ことが必要だ。

数字は「有能」だが「万能」ではない。

【企業組織病⑤】フォーマット過信病

「フォーマット過信病」を克服するには？

最後の企業組織病が「フォーマット過信病」である。

これは2つ目の「お手本依存症」の一種でもある。

お手本を見て、表面的なテクニックだけをマネし、本質的な部分を外してしまうと「フォーマット過信病」にかかりやすい。

当たるクリエイティブには、一定の勝ちパターンを見出せる場合がある。その勝ち筋を活用することで、ダメだったクリエイティブが蘇り、大きな成果を出すことがある。

これを一度経験すると、一回の成功体験を黄金法則と思い込み、「このフォーマットは万能だ」と過信する人が多い。

だが、「化粧品の勝ち筋の広告フォーマットはこれだ」「BLPの勝ちパターンのフォーマットはこれだ」と思っても、そう単純ではない。そもそものフォーマット自体が、今回の商品に合うかはやってみないとわからない。

たとえば、美容液のコピーで「もっちり」という表現で成果が出たとする。このコピーをアイクリームでも使ってみると成果が出た。

だが、「スキンケア化粧品は『もっちり』というコピーが勝ちパターンだ！」と思ってクレンジングゲルのコピーに使ってみると、さっぱり成果が出なかったりする。

おそらくクレンジングゲルで「もっちり」といわれると、ゲルがすすぎ落とせていない印象を受けるからだろう。商品やユーザーの本質を理解せず、型だけをはめてもうまくいかないのだ。当然、同じようなフォーマットの広告やＢＬＰばかりだと、到底勝ちパターンではなくなる。

このように、一回成功したフォーマットを何度も違う商品に当てはめて成果が出ないとき、「この商品は売れない」と判断しがちだ。

だが、商品自体に問題があるというより、フォーマットが万能ではないだけのことだ。

フリーランスのＷＥＢマーケッターには、たまたま当たったパターンを万能と過信して独立する人が多い。こういう人たちがつくるクリエイティブは、どんな商品でもそっくりになる。だが、そのフォーマットが商材に合わないと絶対に売れない。「過去にこんな実績がある」と言って仕事をもらっても、成果が出ない人に共通するのはこのやり方だ。

当社でも、「フォーマット過信病」が蔓延すると、成果が出なくなった。

なんとかして「フォーマット過信病」を克服するために、「着眼法研修」を始め、徐々にメンバー自身のインサイト（心の動き）でユニークなフォーマットをつくれるようになった。

プレゼンとは「顧客の課題に応える場」

私自身、売れない営業マン時代は表面的なテクニックばかり学んでいた。大型受注したという成功者にセールストークや決めゼリフ、企画書の内容を教えてもらい、それを使ってクライアントにプレゼンした。

だが、ほとんど当たらなかった。

成功者のクライアントと私の目の前のクライアントは、課題も価値観も予算も担当者の立場もまったく違っていたからだ。

プレゼンはテクニックをぶつける場ではなく、**顧客の課題に応える場**だ。プレゼンは顧客を中心に行わなければならない。

クリエイティブも、テクニックをユーザーにぶつける場ではなく、ユーザーのインサイトを形づくる場だ。まずはユーザーありきなのだ。

もちろん、自分なりに成功テクニックや勝ちパターンを凝縮したフォーマットは持っているにこしたことはない。だが、それを万能と思うのではなく、目の前の顧客や商品と向き合い、「これは使える」というものだけを使うべきだ。

企業組織病は誰でもかかる

以上5つが、当社の業績を**6分の1**にまでたたき落とした内部要因＝企業組織病だ。改めてまとめてみよう。

①職務定義の刷り込み誤認
②お手本依存症
③職務の矮小化現象
④数字万能病
⑤フォーマット過信病

5つ通して読んでみると、非常に要領の悪い人の話に思えたかもしれない。

だが、これはどんな業種の人でもかかる病であり、**いったんかかると、どんな有能な人でも仕事の能力が極端に落ちるのだ。しかもタチの悪いことに、この病にかかっている本人は、それに気づいていないことが多い。**

もしかしたら、読者のあなたも、企業組織病にかかっているかもしれない。

まずは、上司などにこの5つの企業組織病の部分を読んでもらって、自分がかかっていないかどうか確認してみよう。頑張っているのに自分の仕事がなかなかうまくいっていない原因が一発でわかるかもしれない。

また、リーダークラスの人は自社にこの病が蔓延していないかチェックしてみよう。病を治すにはまず、5つの企業組織病のうち、何の病にかかっているかを知ることが大事だ。企業組織病は一朝一夕には治らない。

よって次に、当社がチームXを通じて改善した方法を次の**5つのポイント**で解説していこう。

①ＫＰＩ
②教育の仕組み
③共通言語化
④タスク管理
⑤風土

【チームXのポイント①】KPI

さて、チームXにおいて最も重要なポイントが「KPI」である。
第1部、第2部では、次のような場面で出てきた。

・運用チームの目標設定と改善（65ページ）
・クリエイティブディレクションチームのKPIと改善（74ページ）
・KPIを「見える化」すべく、毎日メーリングリストで周知（89ページ）
・ダブルギネス目標を「遷移率1・4倍×HLPのCVR1・4倍×表示回数2倍＝約4倍」というKPIに分解（202ページ）
・ダブルギネス目標の進捗状況の「見える化」（残り営業日数、結果数値→210ページ）
・新人の配属条件のKPI化（216ページ）
・「ダブルギネスエックスデー」の進捗管理表（241ページ）

ＫＰＩ設定の要点は２つある。

１　ＫＰＩの設定でＰＤＣＡを回し、正しいＫＰＩにたどり着くこと
２　わかりやすく「見える化」すること

それぞれ見ていこう。

１　ＫＰＩの設定でＰＤＣＡを回し、正しいＫＰＩにたどり着くこと

前述したように、運用チーム、クリエイティブディレクションチームそれぞれＫＰＩを設定したが、すぐに問題が起き、何度か改善した。

ＫＰＩはメンバーの働き方、次の一手の進め方に大きな影響を与える。**ＫＰＩの設定を誤ると、メンバーもろとも企業は間違った方向に進む**ため、吟味して設定する必要がある。

最初にＫＰＩを設定した前後はその指標で本当に問題がないか、経営者と幹部で注視し

ておく必要がある。

創業10年目の失敗事例

実は私自身、創業して10年目の頃に、KPIマネジメントで痛い目に遭ったことがある。当時の主力商品（単価3000円）の1年LTVを計算すると、1万6000円だった。よってその7割の1万1200円を上限CPOとして設定した。

当時は規模が小さく、集客担当者は一人しかいなかった。

その担当者に「CPO1万1200円以内で集客人数を最大化して」と依頼したことがあった。

すると、担当者は頑張っていろいろなところに広告を出し、CPOが1万1200円以内なら継続、それを超えるなら停止を繰り返しながら拡大していった。誰が見ても数値で「よい・悪い」が判断できるので、迷うことなく広告投資を続けていけた。すると、どんどん集客人数が増えていった。

一向に売上がついてこない！　なぜだ？

しばらく「よしよし、うまくいっているぞ」と思いながら、数か月経った頃だった。

「何かおかしい。新規の集客は増えているのに、一向に売上がついてこない」

仮にある月に1120万円の広告投資をしてCPOが1万1200円、1000人を集客した場合、その月は1120万円－300万円（3000円×1000人）＝820万円の赤字だ。

だが1年LTVは1万6000円なので、1年間では1000人×1万6000円＝1600万円の売上が上がるので、1600万円－1120万円＝480万円の利益が出るはずだ。

だが、一向に**1600万円分の売上が上がってこない**のだ。

事前につくったエクセルのシミュレーション表では、この月に新規集客が何人いれば、これだけの売上が上がるとなっていたが、実際に上がってくる売上はそれよりかなり下回っていた。

シミュレーション表どおり、1600万円が上がってこなければ、利益は想定より少なく、ヘタすれば赤字になる。

あわてて直近データでLTVを計測し直すと、以前は1万6000円だった1年LTVが1万円に落ちていた。

これはCPO1万1200円で集客すると、**年間1200円の赤字**を生み出していることになる。

「何が起こったのだ?」

再度データを分析した。そこでわかったのは、「集客経路（広告メディア）ごとにLTVが大きく異なっていた」ことだった。

たとえば、検索エンジンで商品名を検索して購入した人は、その商品をある程度気に入っているのでリピート購入しやすい。よって1年LTVは高い傾向にある。

一方、ポイントサイトなどで、「この3000円の商品を購入すると、もれなく1500ポイントバックします」といった集客企画の購入者はリピート率が低く、1年LTVも低い傾向にある。

当時の集客担当者は「CPO1万1200円以内で集客人数を最大化して」と指示を受けたため、最も集客しやすいポイントサイトに全力集中した。

結果から見ると、ポイントサイト経由の集客は1年LTVが低く、1万1200円のCPOでは採算が合わずに多額の赤字を生み出していた。

担当者は一切売上を見ていなかった。見ていたのは、「1万1200円以内の新規集客人数」だけだった。

KPI目標を設定すると、「部分最適化」が加速する。このKPI設定を間違うと、とても危険だ。全体最適の反対、「全体不最適」が起きるからだ。

KPIの設定ミスは全員を不幸にする

この場合、全責任は担当者にあるのだろうか？

「否」である。

担当者は「CPO1万1200円以内で集客人数を最大化して」という指示に忠実に従っただけだ。そして頑張って十分な成果を上げた。

赤字になったのは、ＫＰＩの設定自体が間違っていたからだ。

この事件以降、当社では、集客経路（広告メディア）ごとに1年ＬＴＶを算出するようにした。さらに毎月計測し直し、**「今月、○△のメディアは上限ＣＰＯを○×円以内で集客してください」**という指示に変えた。

ＫＰＩマネジメントは、「これさえやればいい」という指標を示すものだ。

指示がシンプルであればあるほど、メンバーは走りやすい。だからＫＰＩを設定すると、メンバーの動きは加速する。

だが、**ＫＰＩの設定を誤ると、メンバーが優秀であればあるほど、とんでもないスピードで破滅に向かう。**

だからこそ、ＫＰＩを設定する際に、あらゆる失敗パターンを想定し、慎重に設定する必要があるのだ。

2　わかりやすく「見える化」すること

ＫＰＩの設定で次に大事なことは、**「一目でわかること」**である。

たとえば、今月の売上目標が1000万円、現在が20日で、実績は600万円という場合、この状態はうまくいっているのか、うまくいっていないのか、あなたは即答できるだろうか？

どちらかわからなければ、このままの行動でいいのか、今すぐ行動を変えなければならないのか判断できない。

こんな状態では「目標」として機能していない。

まず、最低限、「残り営業日数」「標準達成率」「実績達成率」が一目でわかる必要があるのだ【図表38】。

「残り営業日数」とは、土日祝祭日を除いた残りの営業日数である。これをカウントしてみると、意外と稼働できる日数が少ないことがわかる。

「標準達成率」とは、目標金額を達成するために、各営業日に均等に受注していた場合、現時点でいくらになる必要があるかという基準だ。

図表38の場合、9月20日時点で標準達成率が65％になっていなければならない。だが実績達成率は60％。つまりこのままだと達成できない。

さらに、**現状が一目でわかる「実績達成率」の表**も大切だ。

図表38 「残り営業日数、実績達成率、標準達成率」が一目でわかる表

日付	曜日	残り営業日数	累計売上(万円)	実績達成率	標準達成率
2023/9/1	金	20	50	5%	5%
2023/9/2	土	20	70	7%	5%
2023/9/3	日	20	100	10%	5%
2023/9/4	月	19	150	15%	10%
2023/9/5	火	18	180	18%	15%
2023/9/6	水	17	180	18%	20%
2023/9/7	木	16	180	18%	25%
2023/9/8	金	15	180	18%	30%
2023/9/9	土	15	250	25%	30%
2023/9/10	日	15	320	32%	30%
2023/9/11	月	14	390	39%	35%
2023/9/12	火	13	400	40%	40%
2023/9/13	水	12	400	40%	45%
2023/9/14	木	11	400	40%	50%
2023/9/15	金	10	400	40%	55%
2023/9/16	土	10	400	40%	55%
2023/9/17	日	10	500	50%	55%
2023/9/18	月	10	570	57%	55%
2023/9/19	火	9	590	59%	60%
2023/9/20	水	8	600	60%	65%
2023/9/21	木	7			70%
2023/9/22	金	6			75%
2023/9/23	土	6			75%
2023/9/24	日	6			75%
2023/9/25	月	5			80%
2023/9/26	火	4			85%
2023/9/27	水	3			90%
2023/9/28	木	2			95%
2023/9/29	金	1			100%
2023/9/30	土				

残り400万円を残り営業日数7日間で売らなければならない。

よって1営業日平均約57万円（左上）となる。

だが、9月20日時点で600万円ということは、1営業日平均約46万円（600万円÷13営業日）だ。

つまり、1営業日当たり11万円多く受注する行動に今すぐ変えなければならない。

このように「残り営業日数」「実績達成率」「標準達成率」などが一目でわかる表がない中でいくら精緻なKPIを設定しても、目標達成する行動にはならない。

残り売上	400万円
残り営業日数	7日
平均1日売上ノルマ	57万円
平均1日売上実績	46万円
1日ノルマ差額	11万円

「うまくいっているか、うまくいっていないか一目でわかる」

「うまくいっていない場合、何をどう変えるべきか、一目でわかる」

こういった**わかりやすい「見える化」された表があってこそ、初めてKPIが機能する。**

あなたの会社、チーム、組織でも、KPIに応じて適切な「見える化」をしてほしい。

「率」か？「数」か？ KPI決定のコツ

組織のメンバーは「評価指標」によって大きく行動が変わる。

たとえば、宅配業者であるA社とB社があったとする。

A社の評価指標は「届け**率**」。一方、B社の評価指標は「届け**数**」とする。

A社では100件中100件届ければ、届け率が100％で最高評価となる。

だがB社では、100件中100件届けた「届け率100％」の人より、130件中110件届けた「届け率85％」の人のほうが評価が高くなる。評価指標が「届け率」ではなく「届け数」だからだ。

A社社員は届け先が不在の場合、受け取ってもらうまで何度もアプローチする。

B社社員は届け先が不在の場合、荷物をいったん置いて、次の荷物を別のところに届けようとする。

評価指標が違う両社では、**不在時の次の行動がまるで違う**のだ。

この場合、顧客側からすると、A社は確実に届く安心感がある。

一方、B社は同じ時間に届けられる数が多いのでスケールメリットがあり、価格が安くなる。

どちらがいいかは、顧客が決めることだ。

A社の価値観は「**確実に**届けること」。

B社の価値観は「**安く**届けること」。

両社の価値観がうまく評価指標として機能しているのだ。

KPIは、同業他社のKPIと同じものを設定するのではなく、**自社の価値観**に基づいて設定しよう。

【チームXのポイント②】 教育の仕組み

第1部、第2部では、次のようなシーンで「教育の仕組み」が登場した。

・社長直接の新人教育（45ページ）
・「着眼法研修」（57ページ）
・チーフD制度（112ページ）
・ファンダメンタルズ×テクニカル マーケティング研修（124ページ）
・1日1000人目指すための「3か月戦力化研修プログラム」（151ページ）
・新人ディレクターの配属制度（215ページ）

必要なのは2人のトッププレーヤー

以前の当社の教育システムは、新人が入っても、OJT（オン・ザ・ジョブ・トレーニング）とは名ばかりの現場丸投げ状態だった。

新人を教えるにもうまいヘタはある。上手な人はプレーヤーとしての能力も高い場合が多い。よって、トッププレーヤーを新人教育につけたいが、それに手を取られすぎて現場が疎かになると、会社の業績が確実に落ちていく。かといって比較的手が空いている人に任せると、新人が育たない。

このようなジレンマの中、悪循環が続いていた。

これを脱するには、**「組織に2人以上のトッププレーヤーをそろえる」ことが最低条件**となる。

一人はプレーヤーとして目の前の成果を上げ、もう一人は教育担当として新人を育て、チーム全体の底力を上げるのだ。

教育環境の整備ができなかったのは、目先の数字を追い続けるために、すべてのトッププレーヤーが前線に出ていたからだった。

当社の場合、最初にトッププレーヤーとして頭角を現したのはシュウヘイだった。それに続き、リーダーとしてのタツオ、エースとしてのサカモッちゃんが出てきたことで、シュウヘイを教育専門に配属することができた。

これにより現状維持を図りつつ、会社の未来をつくる教育で全体のスキルアップができた。教育システムを整備するには、なによりもまず、トッププレーヤーを2人採用するか、社内で育成する。それが第一歩だ。

自社オリジナルの教育プログラムこそ、自社の強みの源泉

また、**教育プログラムは、自社オリジナルを用意することが望ましい。**

教育や研修は一回で成果が出るものではなく、日常的に続けるものである。研修などを外部講師を招いて行った場合でも、一朝一夕に身につくわけではなく、研修後もフォローの指導を続けなければならない。その際は外部講師ではなく社内の教育担当が講師となる。

汎用的な研修カリキュラムだと、自社と概念が違ったり、言葉の定義が違ったりしてメンバーたちが混乱する。教育プログラムはどんどんブラッシュアップしていけばいいので、完璧でなくても自分たちの強みが活かせる教育カリキュラムをつくろう。

自社オリジナルの教育プログラムこそ、自社の強みの源泉になるのだ。

【チームXのポイント③】　共通言語化

チームXにおいて「共通言語化」のプロセスはとても重要だった。
第1部、第2部では次のシーンで登場した。

・「達成確率100%キープの作戦」（98ページ）
・WEBマーケティングの種別を認識するための「ファンダメンタルズマーケティング」と「テクニカルマーケティング」（120ページ）
・書籍出版による様々な社内「共通言語化」（122ページ）
・広告→BLP→HLPの「内容のつながり」を示す概念「エモーションリレー」（129ページ）
・ミッション、ビジョン、バリューの設定（158ページ）
・「商品情報を勉強する」レベル感を2つに分けた「フィールド情報」と「オリエン情報」（166ページ）
・「ダブルギネス」というわかりやすい目標値フレーズ（195ページ）

「共通言語化」することで、チームXの成長は加速した。

実は、本書で収録した以外にも、当社にはたくさんの共通言語がある。

「共通言語化」のコツ

よく2泊3日等の企業研修が行われるが、目的は企業によって異なる。

だが私の観点では、意識改革、スキルアップより最も重要なのが**「共通言語化」**だ。

2泊3日の研修を受け、即座に劇的に成長することはほとんどない。だが、研修を通じて同じ場所で同じ内容を学んだメンバーの中に「共通言語」が生まれることで研修後の育成がしやすくなる。研修以前は一つひとつ丁寧に教えなければならなかったことが、**研修後は「○×」の一言で伝わったりする。**

よって当社では、意図的に「共通言語」をつくることを意識している。

ちまたにある言葉を使っていると、人それぞれの意味に解釈されてしまう。すると、誤解が生まれやすい。だからこそ重要なのは、**これまで聞いたことがない言葉を生み出し、それについて解説を聞き、理解するプロセス**だ。そうすると、共通言語がすっと入ってくる。

「暗黙知を形式知化」する共通言語化

「暗黙知」とは、個人の経験やカンに基づいたノウハウやスキルだ。社内でもなかなか言語化されず、共有できない職人技の知識や情報である。

一方、「形式知」とは、数値、文章、図解により、誰が見ても同じ認識ができるマニュアル化された知識・情報だ。

WEBマーケティングの世界では、ほとんどの情報がデータ化されているため、日常的に触れる大半の情報は形式知だ。そのため、この業界の人は「暗黙知」に慣れておらず、暗黙知の理解が苦手な人も多い。

形式知をベースにしていると、わかりやすく現場で使える情報がどんどんインプットされるので、新人でも一気にベテランに追いつける。

しかし、**そこからの差別化やスキルアップは、暗黙知による微妙な違いをマスターしていかなければならない**。だが、形式知偏重の成功体験を積んだ人はなかなかこれができない。

WEBマーケティング業界全体のスキルが低迷している背景には、この部分も大きい。形式知だけで生きてきた人は、暗黙知の存在すら知らない。こちらから暗黙知を伝えようとしても、すぐに粗い形式知に置き換えて理解してしまう。すると微妙なニュアンスがそがれ、正確に伝わりにくくなるのだ。

試行錯誤の末、私は「暗黙知を暗黙知として伝える」のではなく、**「暗黙知を形式知化」して伝える方法**を編み出した。それが「**共通言語化**」だったのだ。

多くの人が理解できない暗黙知を「共通言語化」して形式知化すると、社内の知識レベルが一気に上がる。

共通言語化がうまくいくと、組織のスキルアップにつながる。これは大げさではない。当社では、特に「**エモーションリレー**（129ページ）」「**フィールド情報**（166ページ）」という共通言語化により、劇的にクリエイティブディレクションチームのスキルアップが図れた。

書籍による「共通言語化」の効用

本書を含め、私が複数の書籍を執筆している理由の一つが「共通言語化」だ。私が持っている大量の暗黙知を「共通言語化」により形式知化しているのである。

たとえば、仕事が遅いメンバーに対し、具体的に「あれをやって、これをやって、優先順位は……」と言わなくても、書籍があれば「ピッパの法則でやって」と一言で伝わる。

「ピッパの法則」とは、拙著『時間最短化、成果最大化の法則』で最も反響の大きかった「ピッと思ったらパッとやる」という習慣だ。

やるべきことが起きたとき、その場ですぐやるか、すぐできない場合はいつやるかをその場で決める。これにより仕事スピードが劇的に上がる。

また、本書で「企業組織病」として紹介した5つの病名はすべて私の造語だ。

メンバーが本書を読んでいれば、

「それって〝**職務定義の刷り込み誤認**〟が起きてない？」

「それ、〝**フォーマット過信病**〟だよ」

と問題点が一言で共有される。そうすれば解決も早い。

拙著『売上最小化、利益最大化の法則』では、「5段階利益管理」「無収入寿命」「目立たないプロモーション」「時系列LTV」。『ファンダメンタルズ×テクニカル マーケティング』では、「ユーザーニーズの9段階分類」「小籔方式」「AB－Xテスト」「ウルフ・チーフの法則」「カーナビの渋滞理論」「寸止めマーケティング戦略」。『時間最短化、成果最大化の法則』では、「成果＝スキル×思考アルゴリズム（考え方のクセ）」「優先順位のダブルマトリックスの法則」「10回に1回の法則」「後天的リーダーの法則」など、私の造語がたくさん収録されている。

これらはすべて、私の暗黙知を形式知化するために生み出した共通言語だ。

ありがたいことに、これらの本を読んで「業績が劇的に上がった」という報告をよく耳にするが、それは私の暗黙知が読者に形式知化され、再現性が発揮された証だ。

重要なのであえて繰り返すが、**「暗黙知の形式知化」のキーになるのが「共通言語化」**である。

自社独自の概念や強みを「共通言語化」していけば、各メンバーの頭の中で再生・拡大され、チームは劇的に伸びていく。

ぜひあなたの会社の強みを「共通言語化」してメンバーと共有してほしい。

【チームXのポイント④】 タスク管理

第1部、第2部では、次のようなシーンで「タスク管理」が登場した。

- **「達成確率100%キープの作戦」の進捗状況を新リーダーのタツオが徹底管理**（111ページ）
- **「横展開漏れ」の管理**（145ページ）
- **井出による出稿戦略管理**（224ページ）

登場シーンは少ないが、すべての戦略で絶対に必要になるのが「**タスク管理**」である。

今回のプロジェクトを通じて私自身痛感したのは、**伸びていない理由の半数以上がタスク漏れによる「機会ロス」**だったことだ。

「横展開をしきれていない」

「他の商品でうまくいったものが反映されていない」

「前にやっていたが、今はやっていない」

などが大量に発生していた。これは個人的な問題もあれば、組織的な問題もある。

「戦略の立案」と「メンバーのタスク管理」はセット

自ら目標を立て、「いつまでに、これを、このくらいやる」と決めると達成できるケースが多いが、一方的に上司から「いつまでに、これを、このくらいやって」と決められた場合、なかなか気持ちが乗らず、やり漏れが発生することが多い。

これは、**このタスクが「自分ごと化」していない**からだ。

組織で方針、戦略、戦術を決める際はリーダーが全体像を決め、各チームに落とし込むため、どうしても現場のメンバーは当事者意識が低くなる。すると抜け漏れが発生する。

ここで、当事者意識を持つ研修をしていくのはもちろんだが、大事なことは、「**そもそもメンバーはタスク漏れするもの**」という前提で考えることだ。

私は創業経営者のため、自ら全戦略を立案・計画する場合が多いが、ほとんどタスク漏れはない。だが、プライベートでは妻から家事を依頼されても、タスク漏れが多発する。これは能力の問題ではなく、どんな人も「他人が立案したものを漏れなく実行するのは難しい」ことを示している（妻への言い訳ではない）。

よって、リーダーは戦略を立案・計画してメンバーに落とし込んだら終わりではなく、**各メンバーのタスク管理までやる**ことが重要である。

「戦略の立案」と「メンバーのタスク管理」はセットだと覚えておこう。

「やるべきこと施策リスト」でチェックを

多くのタスク漏れの背景には「組織的な要因」がある。そもそも「タスクに上がってこない」ということがあるのだ。

成長著しい組織では次々と新しい施策が生まれる。3つの新しい施策がみんなうまくいって喜んでいるうちに、以前やっていてよい成果を出した施策に手が回らず、やり漏れが発生。結果、**プラスマイナスゼロになってしまう場合が多い**のだ。

人は新しいものに飛びつく傾向がある。いったん成果が出ると喜ぶが、実際は全体で見るとあまり伸びていない。うまくいっていた新しい施策も成果が上がらなくなってくると、さらに全体が落ちていく。この現象は当社でも、一時、運用チームが陥っていたものだ。

また、これは企業組織病の3番目に紹介した「職務の矮小化現象」によっても生まれる。

だからこそ、個人の感覚に任せるのではなく、**「やるべきことと施策リスト」を組織で管理し、チェックする体制**が必要である。

【チームXのポイント⑤】風土

第1部、第2部では、次のようなシーンで「風土」が登場した。

- **自ら動かない風土**（43ページ）
- **社長自ら新人教育に乗り出し、風土改革**（45ページ）
- **新規メディア攻略チームの結成**（47ページ）
- **スターメンバーによる影響**（139ページ）

・ミッション、ビジョン、バリューの作成（158ページ）
・商品ポテンシャルを最大限に活かせるチームの風土（176ページ）
・ダブルギネス達成へのスタート（207ページ）
・新人の態度が変わった配属条件のルール変更（218ページ）
・ベテランたちの奮起（226ページ）
・ダブルギネス達成パーティの設定（232ページ）

組織で成果を出すには、数人だけが頑張ればいいわけではない。

最初は数人でも、徐々にその頑張りが伝播し、全員が前向きに取り組むことで、一人では出せない成果をチームで出せるようになる。

数人だけが頑張るのか？　全員が頑張るのか？　これが風土の違いである。

風土に一番影響を与えるもの

風土に最も影響を与えるものが、**「リーダー」の存在**である。

リーダーには、メンバーの中で一番スキルが高い人を据えればいいのではない。「プラス思考である」などの最低限のリーダーの条件を備えていなければ、どんなにスキルが高くてもリーダーにしてはならない。

なぜなら、最低限の条件を備えていない人をリーダーにすると、チーム全体の風土がマイナス方向に向かうからだ。チームはリーダーがあきらめると、メンバー全員がそれを免罪符として一斉に動きを止める。

メンバー10人のチームに難問が降りかかってきたとき、チームリーダーがあきらめると、他の9人もその難問に取り組むのをやめる。しかし、その難問は解決しなくてはならないので、リーダーの上司が取り組むことになるが、リーダーだけでなく他の9人も動かないので、上司一人で臨まないといけない。

このリーダーでなければ、他の9人のメンバーと一緒に難問解決に取り組めたのに、**このリーダーがいたために9人が「非戦力化」されてしまった。**それなら、最初からこのリーダーがいないほうがマシだ。

では、リーダーを選ぶ際にどんな観点で選べばいいのだろうか？

図表39　どちらのリーダーを選ぶべきか

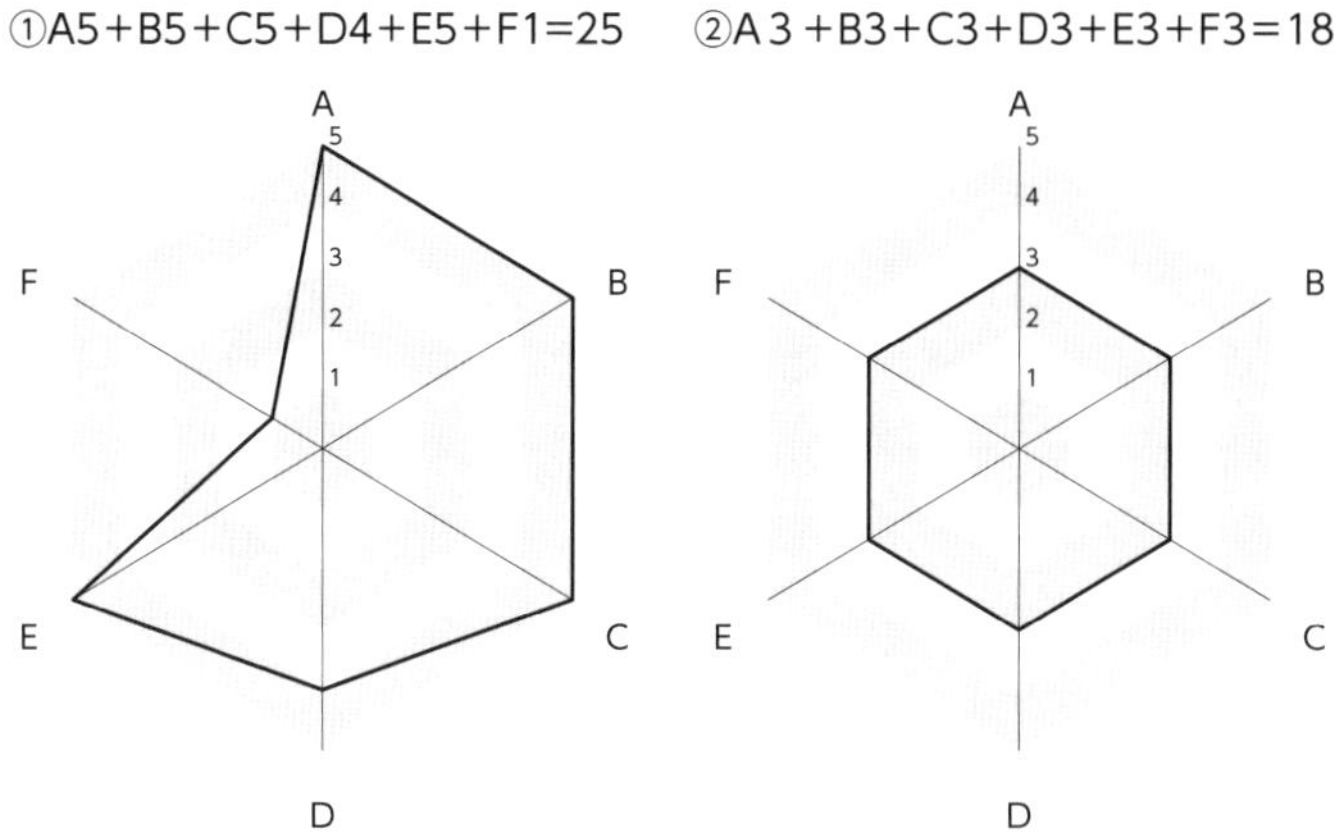

リーダーを選ぶときに一番大切なこと

図表39のように、①と②のタイプの人がいるとき、どちらがリーダーに向いているだろう？

一般的には合計点が25点の①を選びたいと思うだろう。

だが、私の経験上、選ぶべきなのは②である。

リーダーを選ぶときは「他者への影響」を考えるべきだからだ。

集団や組織は、1匹の羊に率いられた100匹のライオンの集団より、1匹のライオンに率いられた100匹の羊の集団のほうが強いといわれる。それほど、リーダーの影響力が非常に大きいのだ。

だからこそ、「その人がリーダーになった場合、どんな影響が出るか」を考えながらリーダーを選ぼう。

仮に、あなた自身が先の①「A5＋B5＋C5＋D4＋E5＋F1＝25」だとしたら、部下や後輩は、いきなりA〜Eをあなたのレベルに合わせられない。よって一番低いFに合わせてくる。

あなたに1か所でも「1」の部分があれば、部下や後輩は「1」を基準とする。よって「1×6＝6」の人になる。

たとえば、いろいろなコストを使う部署があり、ほとんどの部分を比較検討して1円単位でコストを削っている人が、一部分だけコストにずさんだと、「だって、○×さんがやっていたので」と後輩や部下はそこに合わせたコスト意識になる。

一方、全部が3「A3＋B3＋C3＋D3＋E3＋F3＝18」の上司は、プレーヤーとしては「3×6＝18」であなたより能力が低いかもしれない。

だが、部下も「3×6＝18」に育つことが多い。

プレーヤーとしては「いいところを伸ばし」「悪いところに目をつぶる」ことができるが、

リーダーは「悪いところをつぶす」ことが最優先となる。

事実、「とりたててプレーヤースキルが高いわけではないが、チームがうまくいっているリーダー」は、このようにバランスがいいタイプが多い。

絶対にリーダーにしてはいけない人10か条

次に挙げる人はどれだけ実務スキルが高くても、**絶対にリーダーに抜擢してはならない。**

10個のうち一つでも当てはまったらアウトだ。

①すぐにあきらめる
②できない言い訳をする
③危機感がない
④成果が出ない理由を外部要因にする
⑤やるべきことを「自分がやらなくていい理由」を見つけてやらない
⑥ミスをしても謝らない

⑦ミスをしても、バレないようにごまかす
⑧人が見ていないところでサボる
⑨うそをついてごまかす
⑩トラブルから逃げる

リーダーがこのような部分を一つでも持っていると、チーム全員が同じようなことをするのでチームが機能しなくなる。

よってリーダーを選ぶ際は、「**その人の一番悪い部分がチームに蔓延するとしたら、誰を選ぶか**」を基準に考える。

人手不足が叫ばれる中、リーダーの器が育っていない人を急いでリーダーに据えると逆効果になる。安易にリーダーを選んではならない。リーダー候補に関しては、業務スキルだけではなく、**日常の言動**もじっくり見て選ぶべきだ。

まずはあなた自身がよいリーダーになろう

チームは風土が重要だ。そして風土はリーダーがつくり出す。

まずは、あなた自身がよい風土をつくれるリーダーになろう。

そのためには、あなた自身が思っている「これくらいは大丈夫だろう」という甘えを断ち切ろう。それを克服したあなたがつくる風土は、あなたと同じように**弱みから逃げない強い風土**になる。

以上がチームXを実現するうえで重要な「5つのXポイント」だ。

もう一度振り返ってみよう。

①ＫＰＩ
②教育の仕組み
③共通言語化
④タスク管理
⑤風土

できる限りあなたの役に立てることを願ってわかりやすく解説したつもりだが、すべてがこのようにうまくいくわけではない。

実際に、チームXを行っていくうえでは様々な問題が起きてきて、一筋縄ではいかないことも多いだろう。

だが、それを乗り越えていくプロセスこそ、チームを成長させるチームXそのものなのだ。

あなたのチームXの成功を心から祈っている。

おわりに

昨今、日本経済の衰退が叫ばれて久しい。

「変わらなければ」「変革しなければ」という合言葉を口にするものの、なかなか旧態依然とした現実にやるせない気持ちが募る。

今回お届けした実話ストーリーは、「北の達人コーポレーション」という一中堅企業の変革物語だ。

どん底から意識を変えて本気で取り組んだことにより、たった1年で13倍の成果を上げられるようになったチームXの一事例である。日本全体から見れば小さな成功例でしかない。

だが、「やればできる」ことを証明できたのは少し誇りに思っている。

私はよく10年後の日本はどうなっているかを考える。

経済、文化、ＳＤＧｓの各方面で世界に誇れる国になっているだろうか？

それとも、このまま衰退してしまうのだろうか？

今回お届けしたストーリーは、10年後の人たちが読めば、古きよき昔話に映るかもしれない。だが、それでいい。

2020年代初頭に、日本のある会社のメンバーたちが、全力でチームXに取り組み、1年で業績を13倍にした挑戦の記録を残したかった。

そこには、彼ら、彼女らの情熱と汗と涙と誇りが確かにあった。

そういった名もなき市井の人たちの挑戦がこの国を形づくっていることを知り、自分たちも未来をつくるために、さらにそれを超えるチャレンジをしようという気持ちになってくれたら嬉しい。

当事者だった彼ら、彼女ら自身は、10年後出世したとしても、ときどきこの本を読み返し、「今、自分はあの頃のように全力で挑戦しているか？」と自らに問うてほしい。

そして、この本を読んだあなたは、当事者意識を持ち、今すぐ「ピッパの法則」で自社のチームXの物語を始めてほしい。

一社一社のチームXが「Japan《日本の》 X《変革》」につながる。

私はそう信じている。

追伸‥

今も北の達人コーポレーションは、新しい目標に向けチャレンジを続けている。

タツオもシュウヘイもサカモッちゃんも井出もヒコちゃんも楠田もススムもその他の仲間たちも、笑いながら、叫びながら、時には嬉し涙や悔し涙を流しながら、「日本を代表する次世代のグローバルメーカー」の実現に向け、奮闘している。

我々はこの物語に参加し、一緒に目標に挑戦する仲間を募っている。

我々のチャレンジに共感した人はぜひ、下記サイト（https://www.kitanotatsujin.com/recruit/）から今すぐエントリーして我々がつくるこれからの物語に参加してほしい。

あなたの「役」を用意して待っている。

［著者］

木下勝寿（Katsuhisa Kinoshita）

株式会社北の達人コーポレーション（東証プライム上場）代表取締役社長／株式会社エフエム・ノースウエーブ取締役会長

神戸生まれ。大学在学中に学生企業を経験し、卒業後は株式会社リクルートで勤務。2002年、ｅコマース企業「株式会社北の達人コーポレーション」設立。独自のWEBマーケティングと管理会計による経営手法で東証プライム上場を成し遂げ、一代で時価総額1000億円企業に。フォーブス アジア「アジアの優良中小企業ベスト200」を４度受賞。東洋経済オンライン「市場が評価した経営者ランキング2019」１位。日本国より紺綬褒章８回受章。著書にベストセラーとなっている『売上最小化、利益最大化の法則』『時間最短化、成果最大化の法則』（以上、ダイヤモンド社）、『ファンダメンタルズ×テクニカル マーケティング』（実業之日本社）がある。

チームX——ストーリーで学ぶ１年で業績を13倍にしたチームのつくり方

2023年11月14日　第１刷発行
2023年12月20日　第３刷発行

著　者————木下勝寿
発行所————ダイヤモンド社
〒150-8409　東京都渋谷区神宮前6-12-17
https://www.diamond.co.jp/
電話／03･5778･7233（編集）　03･5778･7240（販売）

装丁・本文・図表デザイン——吉田考宏
本文DTP・図版作成・製作進行—ダイヤモンド・グラフィック社
校正————宮川咲
印刷・製本————勇進印刷
編集担当————寺田庸二

ISBN 978-4-478-11835-1